PLAN
DU TRAITÉ
DES
ORIGINES
TYPOGRAPHIQUES,

PAR M. MÉERMAN,

Conseiller & Pensionnaire de Roterdam.

(Traduit du Latin en François).

A AMSTERDAM,

Et se trouve

A PARIS,

Chez Aug. Mart. LOTTIN , l'aîné , Libraire
& Imprimeur de Mgr le Duc de BERRY ,
rue S. Jacques , près S. Yves , au Coq.

M D C C L X I I.

AVERTISSEMENT
DU
TRADUCTEUR
de cet Ouvrage.

MONSIEUR MÉERMAN, ſçavant Hollandois, n'avoit deſtiné cet Eſſai qu'à l'uſage de ſes amis ; il le dit lui-même. C'eſt par un ſemblable motif que je l'ai mis en François. Un Ami, très-curieux de cette Littérature, m'a demandé cette Traduction ; je n'ai pû la lui refuſer. Elle n'étoit d'abord que pour lui ; il a deſiré depuis de la rendre publique ; j'y ai conſenti. Je ſouhaite que ceux qui la liront y trouvent les mêmes avantages qu'il a cru y apper-cevoir ; & qu'auſſi indulgens que lui, ils excuſent les fautes qui me ſont pro-bablement échappées en quelques en-droits où je crains de n'avoir pas bien ſaiſi la penſée de l'Auteur. L'Ecrit eſt diviſé en deux Parties. La première,

& le dernier Article de la feconde, plairont, je penfe, à tous ceux qui font amateurs de l'Hiftoire de l'Imprimerie, c'eft-à-dire du plus bel Art qui ait été inventé dans les derniers fiécles. Le refte fera defirer avec ardeur le grand Ouvrage que M. Méerman promet fur la même matière, & dont il donne ici les Sommaires. On remarquera qu'il n'eft pas toujours d'accord avec M. Fournier, le jeune, qui a couru la même carrière; il le critique même quelquefois : mais on fent en même-temps qu'il l'eftime, & qu'il ne lui refufe point les juftes élo-ges que ce célébre Ecrivain François mérite en effet. Je fuis très-éloigné de prétendre décider entre l'un & l'autre ; je loue également leur zèle & leurs re-cherches. Je ne fuis d'ailleurs que Tra-ducteur, & j'avouerai, fans difficulté, que je n'ai aucune des qualités qui fe-roient requifes pour faire la fonction de Juge dans une pareille controverfe. J'ai ajoûté quelques Notes à celles de M. Méerman ; elles font en petit nom-bre. Etoient-elles néceffaires? Les Le-cteurs en jugeront.

AVERTISSEMENT

de l'Auteur de ce Plan.

PERSONNE n'ignore que M. Méer-man s'occupe à découvrir les Origines de l'Imprimerie. Il s'est cru obligé de don-ner à ce travail un soin égal à l'impor-tance de la matière. En effet ce sujet a oc-casionné tant de controverses & de discu-ssions, par cela même que plusieurs en ont traité, qu'il a long-temps douté lui-même s'il seroit enfin possible d'asseoir quelque jugement certain. Voyant la cau-se de la Ville de Harlem mal-defendue, il avoit plus d'une fois témoigné qu'elle lui paroissoit suspecte, sur-tout après avoir lû les Vindiciæ Typographicæ de M. Schœpflin, Ouvrage bien fait, & digne de son illustre Auteur qui a écrit pour faire valoir les prétentions de Strasbourg. M. Méerman n'a pas cependant eu de la peine à découvrir dans cette production des choses qui ne sont pas d'une petite con-séquence pour son adverse partie: enfin *après s'être jetté dans un examen très-scrupuleux des monumens anciens, il a vu, quoiqu'à regret, qu'il falloit s'écarter du sentiment de son illustre ami, & marcher par une route que personne n'avoit encore frayée. Il a donc formé un nouveau système, au moyen duquel les autorités anciennes seront vengées des faux jugemens des Ecrivains Modernes : les moyens qui semblent se combattre seront conciliés, de sorte qu'il s'agira moins de la cause de sa Patrie que de celle de la Vérité. Quoique cet Ouvrage soit presque achevé, il reste encore à y faire quelques changemens pour la disposition, à y insérer plusieurs Additions que fournissent des Observations qui naissent tous les jours. Il est, par exemple, à propos de ranger par ordre Chronologique, & d'accompagner de Notes nécessaires tous les témoignages des Auteurs du XVe siècle sur l'Invention de l'Art Typographique, & les principaux de ceux du XVIe qui se trouvent dispersés dans une multitude de Livres, & la plûpart inconnus ; soit afin que chacun les ait sous la main, soit pour découvrir par ce moyen les sources des erreurs : il* faut aussi mettre sous les yeux des modéles des prémices de la Typographie de Harlem. On a déja commencé à les faire graver, mais cette opération va lentement. Tout l'Ouvrage sera, comme il convient, imprimé en très-beaux Caractères, afin que tout le monde soit convaincu que cet Art est enfin parvenu au comble de la perfection dans cette même Ville où il a pris les commencemens les plus informes; & que, si la France se glorifie, avec raison, d'avoir pour habiles Artistes ses FOURNIERS, & l'Angleterre ses BASKERVILLES, la Hollande peut aussi se vanter de ses ENSCHEDES. Pour ne laisser rien à desirer, autant qu'il est possible, il faut beaucoup de travail & de temps : en attendant néanmoins, il a paru convenable de satisfaire aux demandes de ceux qui, informés combien l'Auteur avoit fait de découvertes nouvelles, souhaitoient ardemment de les connoître. C'est ce qui a donné lieu de publier cet Essai. Si quelques Lecteurs y trouvent des choses à reprendre, comme il arrivera certainement à MM. de Strasbourg, & peut-être encore à d'autres, M. Méerman les prie de ne former leurs doutes qu'après qu'ils auront lû l'Ouvrage entier.

De la Maison de l'Auteur, le 28 Février 1761.

P. S. Dans la vue de rendre ce petit Ouvrage un peu recommandable par la variété des sujets, il nous a semblé convenable d'inférer dans les Notes quelques Observations sur les anciennes Editions du *Catholicon* de Jean *de Janua* (ou *Genuensis*) & de la sainte *Bible* : on ne répétera point ces Observations dans l'Ouvrage promis ; parce qu'on les réserve pour les *Antiquités Typographiques de Mayence.* Cet avis étoit nécessaire, de peur qu'on ne crût que ce présent Opuscule deviendroit inutile lorsqu'on aura donné les *Origines* que l'on annonce.

ERRATA.

Page 6 , lig. 5 & 6 , Koher , *lis.* Kohler.
Page 25 , lig. 4 *de la seconde Note,* rtouvoit ; *lis.* trouvoit.
Page 26 , lig. 10 *de la 3e Note,* ces , *lis.* des.
Page 28 , lig. 2 *de la 3e Note,* Gensfleisch , *ajoûtez* le jeune.

PLAN

PLAN
DU TRAITÉ
DES
ORIGINES
TYPOGRAPHIQUES;
PAR M. MEERMAN.

CHAPITRE PREMIER.

Notice Préliminaire.

PARAGRAPHE PREMIER.

NOS BATAVES (ou Habitans des Provinces - Unies) difputent depuis long - temps avec les Allemands fur l'invention de l'Imprimerie. Conftans dans leur fentiment, les premiers n'ont jamais varié ni fur l'Auteur, ni fur le lieu où cet Art fi excellent a pris naiffance. Il n'en eft pas de même des

A

féconds : ceux-ci, ce qui eſt un mau-
vais préſage, ſe ſont diviſés. Les uns
placent l'Invention de l'Imprimerie à
Mayence, les autres à Strasbourg, ou
dans quelque autre endroit de l'Alſace, voiſin de cette Ville (*a*) ; &, ce

(*a*) Je crois qu'il eſt aſſez inutile de m'arrêter à rappeller
ici les ſentimens de quelques Ecrivains qui, ſur les raiſons
les plus foibles, ont mis ailleurs l'Origine de l'Imprimerie.
Le P. Louis *la Guille*, par exemple, dans ſon *Hiſtoire d'Al-*
ſace, I Part. L. XXIX, p. 335, fondé ſur la Souſcription
fautive & anticipée d'un Livre de la Bibliothéque de Straſbourg, montre que l'Imprimerie n'a point eu lieu à Baſle en
1443. [On parle dans ce Livre du Pape Eugene IV, comme
n'étant plus au monde. Or ce Pape ne mourut qu'en 1447.
C'eſt ce que M. Meerman appelle, *vitioſâ ſubſcriptione niti*
evicit]. Il y en a qui mettent cette invention à Konigsberg,
& qui l'attribuent au célébre Mathématicien Jean *Muller*,
plus connu ſous le nom de *Regiomontan*, du lieu de ſa naiſſance. C'eſt ce qu'a écrit Pierre *Ramus* qui s'appuie ſur les
Tables de *Purbach*, augmentées depuis cet Aſtronôme, & c'eſt
ce qu'il a tenté de perſuader dans ſon Livre intitulé : *Schola*
Mathem. Liv. 2. Mais Bernard *de Mallinkrot*, dans ſon court
Ecrit ſur l'*Origine de l'Imprimerie*, p. 75, a obſervé très-bien,
qu'on ne lit point dans ces Tables que *Muller* ait trouvé l'Art
d'imprimer, mais ſeulement que cet Art fut inventé de ſon
tems : c'eſt ce qui eſt prouvé par le témoignage même de Muller.
Voyez notre *Appendix*, n°. 14. Ce que d'autres diſent, que ce
Mathématicien guida à Strasbourg *Gutenberg* vers 1440, & qu'il
l'aida de ſes avis dans ſes travaux Typographiques, eſt contredit par la Chronologie. Voyez les *Vindiciæ Typographicæ* de M.
Schœpflin, Cap. VII, p. 4. [Muller étoit né en 1436]. D'autres
enfin ont fait honneur de l'invention de l'Imprimerie à Nicolas *Jenſon*, très-célébre Imprimeur de Veniſe : c'eſt ce que nous
liſons dans Philippe de Bergame. Voyez l'*Appendix*, n°. 27.
Mais ceux qui ont eu cette opinion ont été trompés par un Paſ-
ſage mal-entendu de la Préface du *Quintilien* donné par *Om-*
nibono Leonicene & imprimé chez Jenſon en 1471. Après ces
mots, *de l'Imprimerie de Jenſon*, Omnibono ajoûte : *Libra-*
ria Artis mirabilis inventor, non ut ſcribantur calamo Libri, ſed

que je trouve de plus fâcheux, c'eſt que les Chefs de chaque parti ne ſont pas plus d'accord ſur l'Inventeur de l'Art. Il importe au Lecteur de ſçavoir avant tout quelles ſont les prétentions de chacun : je vais donc les expoſer.

PARAGRAPHE II.

Entre ceux qui ont pris parti pour la Ville de Mayence, pluſieurs ont dit autrefois que Jean Gensfleiſch l'ancien, après avoir inventé l'Art de l'Imprimerie dans cette Ville, ſervit peu après de guide pour les progrès & la perfection de cet Art à Jean Gutenberg qui étoit revenu de Strasbourg. D'autres (a)

veluti gemma imprimantur, ac prope ſigillo, primus omnium ingenioſè demonſtraſſe dicitur : ce qui ne veut pas dire, ſelon la judicieuſe Obſervation de Chrétien Gotlieb *Schwarz* (*In primar. Docum. de Orig. Typogr.* Part. II, p. 50) que Leonicene prétendoit attribuer à Jenſon l'Art conſidéré en général ; mais qu'il a ſeulement voulu dire que cet Imprimeur l'a poli, comme il eſt conſtant en effet qu'il a ſurpaſſé tous ſes Contemporains par la beauté de ſes Caractères. C'eſt donc à pure perte que l'Auteur de la Chronique de Cologne, imprimée en 1499, & Trithéme qui l'a ſuivi dans ſes Annales d'Hirſauge, ont nié avec tant de vivacité, que l'Imprimerie ait été découverte par Jenſon en Italie. Voyez l'*Appendix*, n°. 4 & 5.

(a) Voyez l'*Epitaphe* de Gensfleiſch : Epigramme à ſa Iouange par Wimpheling, & dans le Catalogue des Evêques de Strasbourg. Franckius, dans ſa *Chronique*, Edit. de 1555. & Schorus. *Appendix*, n°. 43, 70 & 88.

A ij

ont attribué les premières idées de
la découverte à Gutenberg même ,
mais en convenant que Jean Fuſt (ou
Fauſt) & quelques autres l'aidèrent
de leurs conſeils & de leur argent. Enfin il y en a (*a*) qui ont écrit qu'on
n'étoit redevable de toute l'invention
qu'au ſeul Fauſt. Au milieu de cette
diverſité d'opinions, j'obſerve cependant que le plus grand nombre convient que l'époque de l'Imprimerie à
Mayence répond à l'an 1440 ; qu'après
s'y être perfectionnée avec le temps ,
on y commença à mettre ſous Preſſe
en 1450 une Bible Latine, qui parut
ſans date , ſans indication de lieu , &
ſans nom d'Imprimeur ; que, cette même année , il ſe forma entre Gutenberg
& Fauſt une Société dont le but étoit
de travailler aux progrès de l'Art ; mais
qui fut rompue cinq ans après, par les
diſſenſions qui ſe mirent entre les Aſſociés ; qu'alors Gutenberg étant revenu
à Strasbourg , & y ayant rappellé de

(*a*) C'eſt le ſentiment de Matthieu Palmier de Piſe , dans
ſa *Chronique.* (Voyez l'*Appendix* , n°. 22). Pluſieurs autres l'ont
embraſſé depuis ; en particulier Trithème : *Appendix* , n°. 23.

nouveau plufieurs Ouvriers, l'Art commença à fe divulguer infenfiblement (Gutenberg l'exerçant à Strasbourg) pendant que l'Imprimerie de Mayence étoit à Fauft. Celle - ci devint la plus célébre par l'induftrie de Pierre Schoeffer de Gernsheim, attaché au fervice de Fauft, qui inventa les Caractères de Fonte, que Fauft s'affocia par cette raifon, après lui avoir donné en mariage fa fille unique, nommée *Chriftine*. Prefque perfonne n'ignore en effet que depuis ce temps - là il eft forti de cette Imprimerie plufieurs Livres qui portent les noms & les marques de Fauft & de Schoeffer ; deux Éditions, par exemple, du Pfeautier, l'une en 1457, & l'autre en 1459, toutes deux avec des Caractères fculptés ; les autres Livres furent imprimés avec des Caractères de Fonte (*a*).

Au XVIe fiécle cependant Jean Schoeffer, fils de Pierre, & petit - fils de Fauft par fa mère, attribua l'inven-

_____

(4) Nous traiterons ce point avec la plus grande étendue dans l'*Hiftoire de l'Imprimerie de Mayence*, que nous efpérons donner après ce *Confpectus* où nous en parlons au Ch. 7.

tion de l'Imprimerie à Fauſt ſeul. Cette opinion eut pluſieurs partiſans (*a*),
mais Chrétien Gotlieb Schwarz (*b*),
Ecrivain d'un eſprit aimable & culti-
vé par l'étude , & Jean-David Koher , (*c*) ont pris ouvertement la dé-
fenſe de Gutenberg, ſans oublier , à la
vérité Gensfleiſch l'ancien , mais en
confondant l'un avec l'autre , trompés
par ce qu'ils voyoient que ces noms
de famille leur étoient communs , où
qu'on les leur donnoit quelquefois in-
différemment à l'un & à l'autre.

M. Fournier , le jeune , dans des
Ecrits qui ont paru depuis peu (*d*),
s'eſt écarté de tous ceux dont nous
venons de parler ; mais plus en apparence que réellement. Cet habile

---

(*a*) Voyez l'*Appendix* , n°. 46.

(*b*) Dans ſes trois *Diſſertations* contenant ſes *Obſervations
ſur l'Origine de l'Imprimerie* , imprimées en latin à Altorf en
1740. Voyez ſur-tout la I. *Diſſertation* , pag. 18 & ſuiv.

(*c*) *Ehren-Rettung Joh. Guttenbergs.* Leipſ. 1741.

(*d*) Ces Ouvrages ſont 1°. *Diſſertation ſur l'Origine & les Progrès de l'Art de Graver en Bois* , &c. 1758 , pag. 96. 2°. *De l'O-
rigine & des Productions de l'Imprimerie primitive en Taille de
Bois* , &c. 1759 , pag. 264. 3°. *Obſervations ſur un Ouvrage intitulé* : Vindiciæ Typographicæ , &c. 1760 , pag. 64. On peut y
joindre actuellement 4°. *Remarques ſur un Ouvrage intitulé* : Lettre *ſur l'Origine de l'Imprimerie* , 1761 , p. 84. Ces quatre Ouvrages, format petit 8°. très-bien imprimés à Paris , chez Barbou,
ſeront ſuivis d'un autre en deux Volumes *ſur la Typographie.*

Fondeur de Caractères à Paris , n'a voulu honorer du nom de *Typographie* , que l'Art où l'on emploie les Caractères de Fonte , & de là vient qu'il ne reconnoît que Schoeffer feul pour l'Inventeur de l'Imprimerie (*a*).

PARAGRAPHE III.

Les Ecrivains d'Alface ont beaucoup tâtonné lorfqu'ils ont voulu décider quel a été l'Inventeur de la Typographie. Le premier qui a prétendu le fixer eft Jacques Wimpheling (*b*) qui vivoit au commencement du XVIe fiécle. Il nous dit que Gutenberg inventa cet Art à Strasbourg , mais d'une manière incomplette ; que de-là il alla le perfectionner à Mayence fous la conduite de Gensfleifch , l'ancien ,

(*a*) Tel a été auffi le fentiment de Guillaume de l'Ifle dit *Menapius*, dans fon Livre intitulé : *Statera Chalcographia*, imprimé à Bafle en 1547, & réimprimé dans les *Monumenta Typographica* de Jean-Chrétien Wolfius, I. Partie. p. 1073. Cependant Schoeffer lui même a reconnu que l'Art de l'Imprimerie étoit inventé avant qu'il s'y appliquât ; & il ne s'attribuoit qu'une partie de l'invention pour avoir ajoûté les Caractères de Fonte. Voyez les *Vers* qui fe lifent à la fin des *Infituts de Juftinien* de l'an 1468 ; & Trithéme dans fes *Annales d'Hirfauge* & l'Appendix , n°. 4.

(*b*) Voyez l'Appendix , n°. 43.

A iv

qui, uni avec quelques autres, s'occupoit déja du même Art dans la même
Ville. Suivant ce que dit François *Ire-*
nicus (*a*) dans son *Exegesis Germaniæ*,
imprimé en 1518, quelques Auteurs
ont avancé que les premiers fondemens de cet Art avoient été jettés
dans une maison de Campagne d'Alface, qui à raison du bruit de la Presse
(principal objet de la Typographie)
avoit retenu le nom de *Ruschenburg*,
(*b*) & que plusieurs Livres imprimés
ayant été portés de-là à Mayence,
le bruit se répandit que c'étoit dans
cette Ville que l'Art avoit été inventé. Jerôme *Gébviller* (*c*), dans son *Pa-*
négyrique consacré à l'Empereur Charles V, qui est de l'an 1521, prétend
que ce fut Jean Mentel qui imprima le
premier à Strasbourg avec des Caractères de métal en 1447. Les témoignages de ces Ecrivains, joints à de
méchantes Traditions, ont donné lieu
au conte suivant que deux Historiens

(*a*) Voyez l'*Appendix*, n°. 55.
(*b*) Ce qui voudroit dire *Château du bruit*, en traduisant lit-
téralement ; *Ruschein* grunnire, *burg* Castellum.
(*c*) Voyez l'*Appendix*, n°. 57.

de Strasbourg, sçavoir Daniel Specklin & un Anonyme (*a*) qui florissoient
vers la fin du XVIe siécle, ont tranf-
mis à la postérité. Ce conte est, que
Jean Mentel trouva l'Art de l'Imprimerie en 1440, dans la Ville Métropole d'Alsace; mais que Jean Gensfleisch
de Mayence, son Domestique, par une
honteuse trahison envers son Maître,
avoit découvert en secret à Jean Gutenberg, homme riche, tout le fond
de cet Art; & que l'un & l'autre, n'o-
sant plus l'exercer à Strasbourg où
Mentel demeuroit, allèrent s'établir à
Mayence. Cette dernière opinion avoit
prévalu en Alsace jusqu'en 1740; mais,
cette année-là, le docte & illustre M.
Jean - Daniel Schœpflin, donna un
Programme latin (*b*), & ensuite une
Dissertation françoise (*c*) où il révo-
qua cette opinion en doute, & commença à contredire le sentiment qui
donne l'invention de l'Imprimerie à

_____

(*a*) Voyez l'*Appendix*, n°. 84 & 85.
(*b*) Ce Programme est dans les *Commentaires Historiques
& Critiques*, pag. 557 & suiv.
(*c*) Cette Dissertation est dans les *Mémoires de l'Académie
des Inscriptions & Belles-Lettres*, Tom. 17, pag. 762 & suiv.

Mayence , pour l'attribuer à Strasbourg & en faire honneur à Gutenberg de Mayence, qu'il a découvert
avoir demeuré à Strasbourg pendant
plusieurs années jusqu'en 1444. Il a
développé depuis le même sentiment,
& l'a fortifié de nouvelles preuves dans
ses *Vindiciæ Typographicæ* , publiées
en 1760 , les Pièces d'un Procès nouvellement découvertes l'ayant convaincu que Gutenberg avoit dès 1436 &
les trois années suivantes , fait des es-
sais de son Art à Strasbourg avec quelques Associés. Il confirme de nouveau
l'opinion que Gutenberg a imprimé
à Strasbourg avec des Caractères mobiles sculptés ; & qu'ayant quitté
l'Alsace vers l'an 1445 , il continua
sans interruption d'opérer avec Faust
à Mayence depuis 1450 , pendant
que ses Associés faisoient la même chose à Strasbourg , où il est probable qu'ils s'unirent Jean Mentel
& Henri Eggestein. Suivant ce sys-
tême , M. Schœpflin ne fait remonter
les commencemens de l'Imprimerie à
Mayence , qu'au tems ou Gutenberg

s'affocia avec Fauft, afin de faire honneur à la Ville de Strasbourg de tout ce qui avoit précédé ce terme. Mais en cela il eft contraire aux plus anciens Ecrivains qui fixent la première époque de l'Imprimerie à Mayence dès l'an 1440 ; il l'eft auffi au fentiment de Wimpheling, le plus célébre des Ecrivains d'Alface qui ait traité de cette matière ; &, comme le récit de celui-ci eft tout-à-fait oppofé au fyftême de M. Schœpflin qui l'accufe de faux en plus d'un endroit, nous efpérons non-feulement venger Wimpheling de toute imputation , mais encore foutenir fa caufe par des preuves authentiques (*a*).

PARAGRAPHE IV.

Les Hollandois , appuyés fur deux témoignages très anciens, celui du Relieur Corneille, Domeftique de l'Inventeur dans notre patrie, & celui d'Ulric Zellius, Clerc du Diocèfe de Mayence, & qui fut depuis le premier

(*a*) Voyez ci-après, *Chap. VII.*

Imprimeur de Cologne, (fans comp-
ter les autres témoignages, que nous
paſſons fous filence) fe font perfuadés
qu'ils ne devoient point céder la gloire
de l'Invention de l'Imprimerie, à un
Habitant de la Haute Allemagne. Ils
l'ont tranſporté à Laurent Cofter, Sa-
criſtain dans la Ville de Harlem , diſant
qu'après ſa mort, un Domeſtique perfi-
de emporta les Caractères de ſon Imprimerie à Mayence, où dès 1442 il ſe fit
connoître par deux petits Ouvrages
qu'il imprima avec les Caractères mobiles de ſon Maître. Or , comme l'O-
rigine de la Typographie de Straſbourg avoit été juſqu'ici inconnue à
mes Compatriotes (*a*), puiſque ce n'eſt
que depuis très-peu de tems qu'on en
a enfin découvert l'Epoque certaine,
il n'eſt pas étonnant qu'ils ayent été
chercher à Harlem l'Origine de celle
de Mayence. Et , tant s'en faut que
ceux qui ont le mieux appuyé notre
cauſe , ayent placé cette Origine dans
la ſeule Impreſſion ſur des planches de
bois , ainſi que M. Schœpflin l'avoit

_____

(*a*) Voyez ci-après , *Chap. III & IV.*

d'abord penſé (*a*) ; qu'au contraire ils ont également parlé & des Caractères fixes & des Caractères mobiles : je dis plus, ils ont auſſi prétendu (*b*), ce qu'ils n'auroient pas dû faire, que Coſter avoit inventé les Caractères fondus dans des Matrices. J'ai averti M. Schœpflin de cette erreur ; &, ſelon la candeur dont il fait profeſſion, il en a fait auſſi-tôt l'aveu (*c*).

PARAGRAPHE V.

Comme trois partis ſe préſentent dans cette diſpute, & qu'aucun n'eſt d'accord avec l'autre, il y a donc trois différends. Pour les terminer, ſelon que l'ordre des choſes le demande, il faut tenter de les accorder, en s'appuyant toutefois ſur des fondemens ſolides : par ce moyen, s'il n'eſt pas poſſible de faire une bonne tranſaction, il

(*a*) *Vindic. Typograph.* Ch. VIII, §. 2 & ſuiv.

(*b*) Pierre Scriverius, *Laurecrans vóor Laurens Coſter*, pag. 103. Marc Zuer Boxhorn, *Diſſert. de Typograph. artis inventione*, p. 37, 41. Ces deux Ecrivains s'appuyent des témoignages de Guichardin & d'Adrien Junius. *Voyez ci-après, le Ch. III.*

(*c*) Dans les Lettres qu'il m'a écrites le 30 Juin 1760.

faudra condamner fans rémiffion le parti qui manquera de bonnes raifons. Toutes mes recherches ne tendent qu'à cette haute entreprife ; cependant je prendrai la liberté de placer ici en avant quelques généralités ; elles améneront plus aifément ce que j'aurai à dire enfuite.

Quoi qu'il en foit de l'antériorité de l'Epoque de la Typographie de Strasbourg fur celle de Mayence, on montrera que Strasbourg doit encore le céder à Harlem. Que dis-je ? Ce n'eft enfin qu'au XVIe fiécle que ceux de Strasbourg ont paffé pour les Inventeurs de l'Art d'imprimer, qu'ils avoient réellement reçu les premiers d'ailleurs, c'eft-à-dire, en partie de Harlem, & en partie de Mayence, fuivant les diverfes fignifications que l'on donne à cette dénomination. Si nous paroiffons faire ainfi peu d'honneur à Strasbourg (*a*), nous la jugeons en même-temps digne d'être citée pour avoir donné le droit de Bourgeoifie, & l'afyle durant un affez grand nombre d'années, à Jean

_____
(*a*) Voyez ci-après, *Chap. VIII.*

Gutenberg, né à Mayence, qui fit connoître à Strasbourg l'Art Typographique qu'il avoit trouvé dans sa patrie. Si la Métropole d'Alsace n'est pas contente de ce partage, il est à craindre pour nos pacifiques Hollandois, que les contentions que le processif Gutenberg eut autrefois avec ses Associés, pour des intérêts pécuniaires, tant à Mayence qu'à Strasbourg, ne s'étendent jusqu'à Harlem, & que les mânes de cet homme inquiet n'intentent aussi un Procès à la mémoire de Laurent Coster, sur l'honneur de la première découverte de l'Imprimerie.

M. Schœpflin a cru accorder ceux de Strasbourg avec ceux de Mayence, en décidant que ceux-ci devoient tout aux premiers, excepté néanmoins les Lettres en fonte (*a*). Mais je ferai voir combien cette décision fait de tort à Mayence. Pour cela je tirerai des ténébres Jean Gensfleisch *l'ancien*, & je l'opposerai à ceux de Strasbourg, de façon à les convaincre par des preuves hors de toute atteinte, qu'il est un

_____
(*a*) *Vindiciæ Typographicæ*, Cap. VII.

autre homme que Jean Gensfleisch *le jeune*, qui a souvent pris le surnom de *Gutenberg*. Je ferai voir qu'il a exercé l'Art de l'Imprimerie à Mayence plusieurs années avant l'arrivée de Gutenberg ; que ce fut lui qui le guida dans l'exercice de l'Art lorsqu'il fut de retour dans sa Patrie, loin d'en avoir rien appris (*a*). Il est donc de l'intérêt de ceux de Mayence, comme de celui de la Vérité, que, lorsqu'ils se verront unis avec nous par le même lien de l'amitié, ils défendent la cause commune contre ceux de Strasbourg, & qu'ils sentent même qu'on peut enlever aux derniers tout droit à l'Invention, sans leur faire aucun tort.

Les Hollandois, autrefois d'accord avec ceux de Mayence, ont commencé depuis deux siécles à se disputer ladite Invention. Car les nôtres, la confirmant en entier à Harlem, pour ne laisser que la perfection à Mayence, se sont vûs dans la nécessité d'accuser de faux les témoignages les plus anciens, qui attestoient

(*a*) Voyez ci-après, *Chap. VII.*

que

que l'Invention étoit dûe à cette Ville d'Allemagne. Par repréſailles, ceux de Mayence ont donné à ces témoignages une interprétation ſi étendue, qu'ils n'ont rien laiſſé à Harlem de ce qui a rapport aux premiers commencemens de la Typographie. Comme ce ſentiment paroiſſoit s'accommoder davantage avec ce qu'on lit dans les anciens Auteurs (*a*), ceux de Harlem ont perdu par leur faute, aux yeux de la plûpart de ceux qui en ont jugé, leur cauſe qu'ils avoient défendue bien & mal; & juſqu'à préſent il ne s'eſt trouvé perſonne qui ait obſervé qu'on pouvoit dire de l'une & de l'autre Ville, qu'elle a inventé l'Art d'imprimer, en l'entendant néanmoins en différens ſens (*b*).

(*a*) Voyez du côté des Hollandois, outre le témoignage d'Adrien Junius, les Ecrits de Scriverius, Boxhorn & Seizius; & pour ceux de Mayence, Serarius, Mallinkrot, Kohler, pour ne pas parler de tous les autres.
(*b*) Cela eſt prouvé par les témoignages de *Naudé*, *la Caille*, *Chevillier* & M. *Fournier* en France; de *Maittaire*, *Palmer* & *Midleton*, chez les Anglois; & en Italie par *Orlandi*.

B

PARAGRAPHE VI.

Afin donc de ne point difputer dans toute cette affaire, comme ces gladiateurs qui combattoient les yeux bandés, fur-tout pour ce qui fépare notre caufe de celle de Mayence, il eft néceffaire de défigner plufieurs Claffes de Typographie, que les anciens Ecrivains n'ont pas toujours exprimées diftinctement, parce que la plûpart fe font fervis de l'expreffion ambigue d'*Art de l'Imprimerie*. Chaque efpéce en effet ayant eu fes Inventeurs particuliers ; en faifant cette diftinction, il fera facile de concilier les témoignages les plus anciens qui paroiffent oppofés entre eux.

Et afin de ne préfenter à nos Lecteurs que des idées exactes, il faut avant tout diftinguer l'Impreffion faite fur des Planches en taille de bois, d'avec l'Impreffion en Caractères mobiles.

On s'eft toujours fervi jufqu'à préfent de la première efpéce d'Impreffion, comme propre à exprimer fur le Papier ou fur le Parchemin, ce qu'il eût été prefque impoffible de bien repréfenter en fe fervant de Caractères mobiles, ou ce qu'on n'eût pû faire commodément. Tout le monde comprend que je veux parler ici des Images & de toute efpéce de Deffeins où il eft néceffaire d'inférer quelque explication, comme dans les Cartes de Géographie. Les Chinois (*a*) & peut-être auffi quelques autres Peuples d'Afie (*b*), fe fervent utilement de cette efpéce d'Impreffion, & ils en avoient l'ufage long-temps avant qu'elle fût connue en Europe : ils l'employent même

(*a*) Garzias Dorta (ou *ab Horto*) a rendu ce témoignage des Chinois, dans fon Livre *Des Plantes Aromatiques qui naiffent aux Indes*, Liv. 2, Ch. XXXVIII. Cet Ouvrage, qui a été traduit en latin par Charles Clufius, a paru d'abord en Portugais à Goa, Ville des Indes, en 1563, *in-4°.* fous ce titre : *Coloquios dos Simples e drogas he coufas Medicinais da India, por Garcia Dorta.* Cela eft confirmé par ceux qui ont le mieux écrit des Chinois, tels que les PP. *Couplet* & *du Halde.* Ceux qui ont attribué aux Chinois l'Invention de l'Imprimerie, ont confondu celle-ci avec l'Impreffion faite fur des Planches ou Tablettes de Bois. Ajoûtez aux Ecrivains cités : Profper MARCHAND, *Hiftoire de l'Imprimerie,* p. 16 & fuiv. & M. FOURNIER, *Differtation fur l'Origine & les progrès de l'Art de Graver en Bois,* p. 11 & fuiv.

(*b*) PAUL JOVE a écrit fur les Peuples du Cathaï, fur la foi des Marchands Portugais, au Liv. 14 de fon *Hiftoire,* &c. *Voyez* auffi Profper MARCHAND, au Livre cité, pag. 20.

pour repréſenter ce qu'ils veulent dire, parceque le nombre de leurs Lettres eſt ſi multiplié (*a*), qu'ils ne pourroient que très-difficilement exprimer ce qu'ils veulent faire entendre, s'ils ſe ſervoient de Caractères mobiles. Les Européens ont commencé au XVe ſiécle à employer cette ſorte d'Impreſſion; & comme ils n'avoient alors aucun commerce avec ces Peuples de l'Orient (*b*), ou ils l'ont trouvé d'eux-mêmes, ou cet Art leur eſt venu d'ailleurs (*c*).

(*a*) Etienne F o u r m o n t a compoſé un *Dictionnaire de la Langue Chinoiſe*, où il y a 70 mille Caractères différens. Voyez ſes *Meditationes Sinicæ*, Cap. 1. & la Préface de ſa *Grammaire Chinoiſe*, pag. 6.

(*b*) Paul Jove, de même que Gui Pancirole (*Liv. 2 des Choſes mémorables*, *Titre* 12) & Jean Gonſalve de Mendoza (au 3e Liv. de ſon *Hiſtoire de la Chine*) qui ont ſuivi Paul Jove, ont penſé que l'Art d'Imprimer ſur des Planches ou Tablettes, que ces Auteurs ont mal-à propos nommé *Typographie*, a pû être apporté de l'Orient en Allemagne par quelque Voyageur. Mais Henri *Salmuth*, dans ſes *Obſervations ſur Pancirole*, & d'autres Ecrivains ont regardé ce fait comme une Fable.

(*c*) Jean *Bagford*, dans ſes *Penſées ſur l'Origine de l'Imprimerie*, qu'on lit dans les *Tranſactions Philoſophiques* de 1707, n°. 310, trouve la ſource de l'*Imprimerie Tabulaire*, dans les Médailles & les Sceaux des Romains. Avant lui, *Pomponius Lætus*, dans ſa Préface ſur *Salluſte*, adreſſée à Auguſtin Maffée, s'eſt imaginé que ce fut Saturne, qu'il fait le premier Auteur des Médailles ou Monnoyes, qui trouva l'Art d'Imprimer. Conrad Peutinger s'eſt mocqué, avec raiſon, de cette idée ſingulière dans ſes *Sermones Convivales* imprimés à Strasbourg en 1596. M. *Fournier*, dans ſa *Diſſertation de l'Origine de l'Art de Graver en Bois*, p. 21.

Je sçais que quelqu'un (*a*) ayant trouvé une Table de bronze quarrée, où on lisoit le nom d'un Citoyen Romain sculpté en Lettres saillantes à rebours (*retrorsùs*) &, ayant jugé & montré en effet qu'on pouvoit en faire l'empreinte, quoique fort imparfaitement, sur du Papier ou du Parchemin, a pensé qu'elle avoit servi autrefois au même but, & qu'on l'avoit employée au lieu de Souscription. Mais rien de plus frivole que cette raison; car il est certain que ces sortes de Tables étoient destinées à marquer des vases (*b*). Quant à un autre usage

& suiv. tire l'*Origine de l'Impression Tabulaire*, des Figures ou Images Sculptées sur le Bois, auxquelles on ajoûtoit ensuite des explications. Mais il y a une grande différence entre la Sculpture faite sur le Bois ou le Métal, & l'application de la Sculpture sur du Papier, du Parchemin, ou autre Matière, pour en être tirés plusieurs modéles. Cet Art-ci n'avoit pas pû à la vérité être imaginé sans le secours de celui-là; mais celui-là a pû subsister & a réellement subsisté plusieurs siécles sans celui-ci.

(*a*) C'est Cromwel Mortimer, dans les *Transactions Philosophiques*, n°. 450, pag. 588 & suiv. où l'on peut voir l'Impression de cette Table, où étoit Sculpté le nom de *Cecilius Hermias*.

(*b*) On sçait que les Romains avoient la coutume de marquer leurs vases. On trouve une infinité de leurs vases de terre chargés d'Inscriptions, sur quoi l'on peut voir les Recueils d'Antiquités de M. le Comte de Caylus. *Vasa signare* veut naturellement dire *cacheter des Vases*, des *Bouteilles*, & c'est ce qui se pratiquoit. On mettoit le nom du Consul sur le bouchon de la Bouteille pour faire voir de quelle année étoit le Vin qu'on y

qui, je ne fçai pourquoi, eût été particulier à cet homme, l'on n'en trouve pas la moindre indice chez les Anciens. Il eſt vrai qu'une idée ſemblable a pû venir autrefois aux Romains ; mais je crois qu'ils n'ont pû l'exécuter, faute d'encre ou autre liqueur qui ne coulât point. Mais cette liqueur une fois trouvée ; comme la Sculpture en bois étoit très-commune, il en a dû peu couter pour imaginer par ce moyen l'Impreſſion, telle que Laurent de Harlem l'a pratiquée, & que perſonne n'avoit pratiquée avant lui, comme on n'a pas encore pu le prouver juſqu'à préſent (a).

Les Européens ont quelquefois employé improprement les Planches de bois où étoient ſculptées des Lettres non mobiles pour imprimer des Livres ſans Images. Quoique l'on ſente combien cette Méchanique emportoit de temps & de dépenſes ; que ces planches ne pouvoient ſervir jamais qu'au même Ouvrage, ſans parler de nom-

conſervoit ; mais on ſe ſervoit pour cette opération de cachet & non de table quarrée. C'eſt pour cela que nous avons rendu le mot *ſignare* par *marquer*.

(a) Voyez ci-après, le *Chapitre dernier*.

bre d'autres inconvéniens, je confens néanmoins qu'on regarde toutes ces productions comme indignes de porter le nom de *Typographie* (*a*). Je ferai voir de plus que c'eſt gratuitement que l'on a prétendu tirer de - là l'Origine de la véritable Typographie (*b*).

(*a*) Ainſi penſent Bernard de Mallinkrot , dans ſon *Diſcur-ſus de Artis Typographicæ Inventione* , pag. 4. Jacques Mentel dans ſa *Paræneſis de verâ Typographiæ Origine* , p. 26 , & d'au-tres après eux.

(*b*) Voyez ci-après , le *dernier Chapitre.*

PARAGRAPHE VII.

L'Impreſſion en Caractères mobiles, cet Art conſervateur des autres Arts, que nous nommons vulgairement *Typographie*, a paſſé par trois claſſes ou trois degrés depuis ſon Origine juſqu'à ſa perfection.

Ayant commencé par les Lettres ſculptées, celles de bois furent dès ſa première Epoque employées comme plus faciles à être travaillées ; mais ces Lettres étant rarement égales entr'elles par la raiſon qu'elles étoient ſculptées (& non fondues) & d'ailleurs étant d'une matière qui, outre ſon peu de ſolidité, étoit ſujette ſuivant le temps à s'enfler & à ſe reſſerer, il en devoit naître continuellement des difficultés, ſoit dans la Compoſition, ſoit dans l'Impreſſion, difficultés qui devoient nuire ſouvent à l'exécution de l'Ouvrage, & toujours à ſa propreté. On imagina pluſieurs remédes ; mais ceux-ci, en apportant quelque diminution aux premiers inconvéniens, en produiſirent de nouveaux. Comme on ne pouvoit fculpter féparément les Lettres minces (*a*) , à caufe de leur fragilité , il fallut les joindre à d'autres ; ce qui exigeoit un plus grand nombre de Caractères , plus de temps , de travail & de frais. L'inégalité de quelques Lettres faifant auffi qu'elles fe renverfoient facilement , foit dans la Compofition , foit en paffant fous la Preffe , on imagina de les percer vers le haut, afin que chacune étant retenue par un lien qui la traverfoit en dedans pour former la ligne , on pût ainfi compofer une forme de plufieurs lignes unies enfemble. Mais il eft probable que par cette Méchanique même le poids de la Preffe devoit quelquefois féparer & renverfer les Lettres: de plus (*b*) , il falloit des précautions extrêmes pour éviter dans l'enfilement des Lettres les fau-

_____

(*a*) Comme font les Lettres f. i. j. l. f.
(*b*) En admettant cette méchanique comme certaine , pour faire voir la difficulté que l'Ouvrier avoit dans la Correction , il fuffit de dire qu'il devoit , après avoir defferré fa Forme , retirer la ligne où fe trouvoit la faute , défenfiler les Lettres & les renfiler , au rifque de commettre encore des fautes. Cette ancienne opération ne me paroît guerre admiffible ; cependant M. Méerman la croit fondée , comme on le verra par la Note fuivante.

tes que les Ouvriers à la Casse ne peuvent guere s'empêcher de commettre dans la Composition ; parce que la
page étant une fois formée, on ne pouvoit les corriger qu'avec la plus grande difficulté (*a*). Le premier qui a parlé des Lettres en bois dont il s'agit
ici, est Théodore *Bibliander*, dans son
Commentarius de ratione communi om-
nium Linguarum & Litterarum, imprimé en 1548 (*b*). Plusieurs ont assuré
qu'on a fait autrefois usage de ces sortes de Lettres, soit à Mayence soit à
Strasbourg ; & quelques-uns attestent
en avoir vûs (*c*).

(*a*) M. Schepflin n'a pas oublié d'observer ces difficultés
dans sa *Dissertation Françoise*, déja citée, p. 769. M. Fournier
en parle aussi dans sa deuxiéme *Dissertation*, pag. 62, & dans sa
troisiéme, pag. 47. Si cependant ce dernier eût sçu que le Méchanisme de percer les Lettres pour les unir ensemble, étoit
un fait appuyé sur quantité d'autorités, je me persuade qu'il
ne l'eût pas révoqué en doute.

(*b*) Voyez l'*Appendix*, n°. 78.

{ *c*) A l'égard de Mayence, voyez les *Témoignages* de Jean-
Fridéric Fault d'Aschaffenbourg, dans sa *Relation de l'Inven-*
tion de l'Imprimerie, faite sur les Actes de sa Famille, dans le
Livre de Kohler, intitulé : *Ehrenr. Guttenbergs*, pag. 91. Sigis-
mond *Birckenius* in *Spicileg. de Ehren. des Ertzhausses Oester-*
reich, Lib. V, Cap. 2, p. 527 ; & Paul *Pater*, dans sa *Dis-*
sertatio De Typis Literarum, pag. 10. Birckenius dit » que de
» son tems on donnoit, comme pour Médaille *lustrique*, de
» nouveaux Ouvrages Typographiques, avec ces Lettres per-
» forées dans ces cérémonies qu'il nomme *Postulatum* «. Daniel
Speclin en décrit deux qu'il avoit vûs à Strasbourg, il y a 200
ans. Voyez l'*Appendix*, n°. 34.

PARAGRAPHE VIII.

L'expérience , qui eſt le meilleur maître en toutes choſes , apprit , avant l'Invention des Lettres en Fonte, qu'on devoit ſubſtituer à celles de bois des Lettres ſculptées en bronze , en étaim, ou d'une autre matière ſemblable, plus dure que le bois. Ce changement forme la deuxiéme Claſſe de la Typographie. Ces nouvelles Lettres étoient certainement exemptes des divers inconvéniens attachés à celles de bois ; & elles avoient de plus l'avantage de pouvoir être plus nettes , & qu'on pouvoit au beſoin en fabriquer de plus petite forme. Mais le principal inconvénient n'étoit point ôté ; bien plus il en naiſſoit un nouveau. La ſculpture du métal demandoit beaucoup plus de temps & de dépenſe que celle du bois ; & l'on ne pouvoit pas non plus ſupprimer parlà toute inégalité dans les Lettres. D'où il arriva en effet qu'il fallut les percer & les enfiler au milieu , comme nous l'apprend Sigiſmond Birke-

nius (*a*). Je croirois volontiers que ce
font de ces Caractères perforés dont
parle Ange Rocha, & qu'il dit (*b*)
avoir vus autrefois à Venife. Car il y a
lieu de douter que les Lettres de Bois
fuffent en ufage à Venife en 1469,
temps auquel l'Imprimerie y fut intro-
duite, fi l'on confidére la beauté des
premières Editions faites en cette Ville. Qu'on fe foit fervi de ces Lettres
avant celles de Fonte, cela eft con-
ftant par la première Epoque de l'Imprimerie, par fon premier Inventeur,
(*c*) & encore par le témoignage de
Trithème (*d*) qui s'appuyoit de ceux

(*a*) Voyez la *Note précédente*.
(*b*) Dans fon *Appendix ad Bibliothecam Vaticanam.* au T. 1
de fes Ouvrages, *pag.* 350.
(*c*). Tous les Anciens attribuent l'Invention des Caractères
d'Etaim à Gensfleifch ou Gutenberg, vers l'an 1440. Voyez
l'*Appendix*, n°. 43, 44. Si donc Schoeffer a trouvé ceux en
Fonte après l'an 1450, comme tous l'avouent, il eft évident
que les Caractères de métal font antérieurs.
(*d*) Voici ce que dit Trithème dans fes Annales d'Hirfauge:
*Après cela, (c'eft-à-dire, après les Impreffions faites par le
moyen des Planches fixes) on inventa des moyens plus ingé-
nieux; on trouva celui de fondre les Formes de toutes les Lettres
de l'Alphabet Latin, que les Inventeurs nommoient eux-mêmes
Matrices, defquels ils fondoient des Caractères, foit de Bronze,
foit d'Etaim, capables de foutenir tout l'effort de la Preffe; &,
avant cetemps-là, ils les fculptoient de leurs mains.* De ces paroles, Köhler, (dans l'Ouvrage intitulé: *Ehrenr. Gutenbergs*, p.
20) & Jean George Schelhorn (dans fa *Differtatio de antiquif-
fima Latinorum Bibliorum Editione*, imprimée à Ulme en 1760

de Schoeffer & d'Achille Gaffar ; celui-ci dit expreffément que les Lettres de Laiton ont précédé celles d'Etaim (*a*).

p. 24) ont eu raifon d'inférer que les Caractères fculptés ont été en ufage à Mayence avant qu'on eût trouvé ceux en Fonte. Mais, contre le fentiment de Trithème, n'ayant point connu les Caractères de métal de cette efpéce, ils ont interprêté des Lettres de Bois, ce que je viens de rapporter. Le fens le plus clair eft que l'on avoit dû fculpter les Caractères de Bronze ou d'Etaim, avant qu'on eût trouvé le moyen de les fondre dans des Matrices. Pourquoi Schoeffer n'a t-il rien dit à Trithème des Lettres de Bois mobiles ; qui ont été employées dès le commencement à Mayence, quoiqu'elles n'y aient pas été inventées ; c'eft ce que je dirai au *Chapitre VII.*

(*a*) Le latin dit *Orichalcum* ; j'ai traduit ce mot par *Laiton*, n'ayant pas trouvé d'autre expreffion. Je n'ignore pas cependant que M. Fournier, dont j'eftime le zèle & les lumières, a reproché avec affez de vivacité, dans fa IIe Differtation ; à un Imprimeur de Paris ; qu'il a la politeffe de ne nommer que dans la Table, d'avoir adopté la poffibilité des Caractères de Laiton. Il dit, pag. 112, qu'*on n'entend par Laiton que du Cuivre réduit en lames minces.* Mais 1°. cette efpéce de Laiton s'exprime en latin par *as Coronarium*, & non par *Orichalcum* 2°. Nous aurions de la peine à traiter de *ridicule décidé*, d'avancer & de croire que dans un temps ou l'on étoit las des Caractères de Bois, on ait pû en faire de Laiton ; puifque, dans le temps dont il s'agit, on en fculptoit de toutes fortes de Métal. 3°. N'y a-t-il rien d'outré dans la Cenfure que M. Fournier fait auffi du même Imprimeur, lorfqu'il s'élève fi fortement contre ce que celui-ci a dit, d'après plufieurs anciens Ecrivains, que les premières Impreffions furent attribuées à la Magie, à caufe de la parfaite reffemblance & de l'entière conformité que deux Exemplaires avoient enfemble ? 1° L'exemple du fameux Brioché, en Suiffe, démontre jufqu'où peut aller la crédulité du Vulgaire à l'infpection d'une chofe qui furpaffe fon intelligence, & qui féduit fon imagination. 2°. M. Fournier convient lui-même (p. 43 & 61) que le deffein des premiers Imprimeurs étoit de faire paffer réellement leurs premières Impreffions pour des Manufcrits. Ils croyoient donc qu'on pouvoit y être trompés. 3°. Je veux que l'Imprimerie eût déja produit huit gros Volumes *in-folio*, ainfi que l'affure M. Fournier ; s'enfuit-il que toute l'Europe fût inftruite de la pratique de cet Art que l'on fçait ne s'être introduit à Paris qu'en 1470 ? Enfin notre Cenfeur, fi eftimable d'ailleurs, fait un crime à celui qu'il attaque, de ce que celui-ci a dit que *les premières Impreffions doivent paroître informes & groffières, en comparaifon des nouvelles perfections de cet Art.* Nous avouons que nous ne fommes pas affez clair-voyans pour appercevoir ce crime que l'on reproche avec tant de vivacité à l'Imprimeur de Paris : il nous femble que fes propres expreffions le difculpent. Nous pourrions en dire davantage, mais nous croyons qu'il nous fuffit de faire obferver que le ridicule ne doit tomber que fur des faits avancés fans vraifemblance. Admettre des procédés poffibles & d'ailleurs atteftés par une fuite de témoignages, au cas qu'ils ne foient pas vrais, fi c'eft une méprife, c'eft tout au plus une de ces erreurs qui peuvent être l'objet de la difcuffion, mais qui ne peuvent jamais devenir le jufte fujet d'une Critique amère : c'eft, à ce qu'il me femble, fe fâcher trop aifément.

PARAGRAPHE IX.

Enfin tous les inconvéniens dans l'opération Typographique disparurent par la découverte des Caractères de Fonte ; & c'est ici que commence la troisiéme classe ou le troisiéme degré de l'Art Typographique. On forma donc, avec un Art admirable, des poinçoins de fer ou d'acier, portant à l'extrêmité la Lettre sculptée à rebours. Ensuite on en frappa des matrices, ou moules de cuivre, dans lesquels, pour dernière opération, on infusa une matière composée de cuivre, de laiton, d'antimoine & autres ingrédiens. Ce méchanisme donna en très-peu de temps, un grand nombre de Lettres, du même moule, égales entr'elles, & toutes d'une justesse proportionnée à leur corps. Par ce moyen on n'eut plus besoin de ce petit lien qui étoit auparavant nécessaire pour attacher chaque Lettre, & tout put s'exécuter avec la plus grande aisance. Ce n'est pas que l'Imprimerie, dans cette troifiéme Epoque, n'ait éprouvé ainfi que dans les précédentes, un degré fenfible de perfection. C'eft fans doute les Caractères de cette dernière efpéce qu'a défigné l'Imprimeur de Mayence dans le *Catholicon* de Jean *de Janua*, qui parut en 1460 : mais, ainfi que je le foupçonne, & comme le célébre Schwarz (a) l'a obfervé avant moi ; cet Imprimeur n'eft pas fincère, quand il dit, dans la Soufcription de ce Livre, qu'il avoit été imprimé *mirâ Patronarum Formarumque concordiâ, proportione ac modulo* (b).

(a) Dans fes *Primaria Documenta : Differtatione I*, pag. 32. Le même obferve, dans fa IIIe Differtation, pag. 13, que Henri Rumelius, dans la Soufcription du *Comeftor* de François de Rétza, imprimé en 1470, à Nuremberg, parle aufli de *Poinçons* & de *Matrices*.

(b) Quoique cette Obfervation doive être naturellement placée dans les *Antiquités Typographiques de Mayence*, je crois faire plaifir aux Lecteurs de la faire ici. Elle me fera à moi-même avantageufe, s'il m'eft permis de fonder auparavant les jugemens des Sçavans. J'héfite fur la date de 1460 ; je doute qu'il n'y ait eu alors à Mayence que la feule Imprimerie de Jean Fauft & de Pierre Schoeffer ; & j'ai trois raifons qui m'empêchent de croire que ce Livre, (le *Catholicon*) foit forti de leur Preffe. La première, parce que la Formule de la Soufcription eft différente de celles qu'ils ont employées dans tous les autres Livres qu'ils ont imprimés. La feconde, parce que le nom de l'Imprimeur ne fe trouve pas joint à l'Epigramme, ufage qu'ils ont conftamment obfervé dans leurs autres Livres, où très-fouvent même ils ont ajoûté leurs marques. La troifiéme, parce que l'Impreffion du *Catholicon* eft entièrement différente de celle du *Durandi Rationale*, de 1459 ; &

Bernard Cenninus, & fon fils Dominique, premiers Imprimeurs de Flo-

des autres Ouvrages fortis de leur Imprimerie, comme le re-
connoiffent *Schwarz*, dans fon Livre intitulé : *Primaria Documenta*, &c. feconde Partie. p. 13 ; & M. *Fournier*, dans fa deuxiéme *Differtation*, pag. 236. Il eft vrai que Schwarz, pour n'être
point embarraffé de la date, a décidé que le *Catholicon* avoit
été imprimé à Mayence par Gutenberg en 1460 : mais fa fup-
pofition eft fauffe. En effet, Gutenberg, après fa féparation
d'avec Fauft en 1455, ne leva point d'Imprimerie à Mayence, mais à Strasbourg ; & il y imprima en 1460 même,
comme nous le prouverons (Ch. VII) par la Relation de Fauft
d'Afchaffenbourg, & par un ancien témoignage d'*Achille Prim.
Gaffar*. Comme il n'y a donc point eu d'autre Imprimerie à
Mayence en 1460, que celle de Fauft & de Schoeffer, &
qu'on ne peut leur donner l'Impreffion du *Catholicon*, j'ai
long-temps foupçonné qu'il y avoit faute dans la date de
l'Impreffion, comme on fçait que cela eft fouvent arrivé dans
les plus anciennes Editions. Mais il y a un an que j'ai acquis
enfin des lumières plus certaines à ce fujet, lorfque nos Etats
m'ayant député en Angleterre, j'ai eu l'avantage de paffer quelque temps à Blenheim, près d'Oxfort, où j'ai été reçu avec la
plus grande bonté, par le Prince George Spencer, Duc de Marl-
bouroug. Ce fut pendant ce temps - là que M. Jacques *Bryant*,
qui féjourne fouvent dans ce Château, & qui eft très - curieux
d'Antiquités Typographiques, me fit voir, dans la Bibliothéque qui y eft confervée, & qui a été formée il y a un demi-
fiècle par le Comte de Sunderland, un Ouvrage très-rare & inconnu jufqu'ici, d'une Impreffion toute femblable à celle du
Catholicon. Ce Livre préfente un Vocabulaire, fuivant l'ordre de l'Alphabet, & qui nous a femblé n'être que l'abrégé
d'un plus grand Ouvrage ; il eft imprimé de forme *in-4°*, chaque page ne contient que 35 lignes ; &, ce qui eft encore remarquable, c'eft que la Soufcription qu'on lit à la fin eft femblable à celle du *Catholicon* : elle eft conçue en ces termes:

*Prefens hoc opufculum non ftili aut penne fuffragio fed nova
artificiofaque invencione quadam ad eufebiam Dei induftrie per
Nicolaum Bechtermuntze in Eltvil eft confummatum fub anno Do-
mini MCCCCLXIX, ipfo die Bonifacii, qui fuit quinta die men-
fis Junii.*

*Hinc tibi fancte..... Nato cum Flamine facro,
Laus & honor Domino trino tribuatur & uno,
Qui laudare piam femper non linque Mariam.*

rence,

rence, ont réduit ces Caractères à la forme la plus petite dans l'Epigraphe

[On voit aisément que *Pater* est omis après le 3e mot du 1e Vers. Mettaire qui cite l'Edition de Mayence de 1460 avec ces mêmes Vers, ajoûte, entre le 2 & le 3e, celui-ci:

Ecclesiæ laude libro hoc, Catholice plaude].

M. Bryant inféroit, non sans raison, de ces paroles, que Bechtermuntze a été le véritable Imprimeur du *Catholicon* & de cet Abrégé; & que, de même que d'autres Imprimeurs du XVe siécle, il aura eu deux Imprimeries établies dans le même Diocèse, l'une à Eltvil, l'autre à Mayence. Or, comme il n'est pas probable que le Livre dont il s'agit ait été imprimé à Mayence en 1460, & qu'il paroît même que l'abrégé a précédé le grand Ouvrage, nous avons conjecturé, M. Bryant & moi, qu'au lieu de la date 1460 qu'on donne au *Catholicon*, il faut lire 1470 : c'est ainsi que les Sçavans conviennent qu'au Livre intitulé : *Decor Puellarum*, imprimé à Venise par Nicolas Jenson, il faut lire 1471 au lieu de 1461. (Voyez les *Mémoires de l'Académie des Inscriptions & Belles - Lettres*, Tom. XIV, I. Part. pag. 232, & le *Catal. Biblioth. Smithianæ*, Venise, 1755, pag. 116). Le même Bechtermuntze, personnage obscur jusqu'à présent, donna à Eltvil en 1477 (suivant Jean Heumann, dans ses *Opuscules*, pag. 452 le *Vocabularium Latino-Teutonicum*, qu'on nommoit alors l'*Ex quo*, dénomination prise des premiers mots de la *Préface*. J'ajoûterai que ceux-là se trompent, qui prétendent que le *Catholicon Joannis de Janua* (ou *Genuensis*) a été imprimé sur des Planches de bois, au commencement de l'introduction de l'Imprimerie à Mayence : il n'est ni vrai, ni vraisemblable qu'on ait pû employer un tel procédé à l'Impression d'un si grand Ouvrage. Je sçais, à la vérité, que Pierre Schoeffer a tenu autrefois ce langage à Trithème en lui parlant d'un *Catholicon*; mais il ne lui nomma pas le nom de l'Auteur de l'Ouvrage. (Voyez l'*Appendix*, n°. 4.) Il étoit ordinaire alors d'appeller ainsi tout *Lexique* (ou *Dictionnaire*) comme on appelloit *Donat* toute *Grammaire*. Ainsi il est permis d'entendre par le terme de *Catholicon*, dont Schoeffer se servit, un petit Vocabulaire, à l'usage des Ecoles, qui pouvoit être gravé sur des Planches, comme le *Donat* ; ces petits Ouvrages étant peu considérables & fort recherchés. Je dis plus ; si l'on fait attention au récit de Faust d'Aschaffenbourg, tel qu'on le lit dans *Kohler*, pag. 90, on reconnoîtra que tous les Livres qui ont été imprimés autrefois à Mayence, en Caractères non mobiles, étoient de ce genre. Rejettant donc

C

des *Commentarii Servii in Virgilium*, imprimés en 1472 ; & ils atteſtent eux-mêmes (*a*) qu'ils ſe ſont ſervi de Lettres de cuivre d'abord , & enſuite de fonte (*Expreſſis ante calibe Caracteribus, & deinde fuſis Literis*). De notre temps , ceux qui ont parlé avec le plus d'exactitude de ces Caractères , ſont Paul PATER (*b*) & Chrétien-Fridéric GESNER (*c*).

toutes les Editions du *Dictionnaire* de Jean *de Janua*, ſoit en Lettres de bois fixes , ſoit toute autre , qu'on prétendroit mettre en 1460 , je penſe que la première Edition de ce Livre eſt celle qui a été faite *grand in-folio* en 1469 , à Augsbourg , dans l'Imprimerie de Gunther Zainer de Reutlingen , mentionnée autrefois par Pierre Scriverius , dans ſon Livre intitulé : *Lauretrans voor Laurens Coſter,* pag. 64 ; & décrite par Schwarz , dans ſon *Ind. Libror. ſub incunab. Typogr. impr.* pag. 82 & ſuiv. J'ai vû un exemplaire de cette première Edition , dans la Bibliothéque de M. de Wilhem , au Bourg de Leckerkerk , & j'ai appris par quelques Catalogues d'anciens Livres , que M. le Baron de Senckenberg , Seigneur ſi favorable aux Belles-Lettres , & qui m'a toujours obligé , a eu la bonté de me communiquer , qu'il y en a un autre dans la Bibliothéque publique d'Altorf , & un dans celle de l'Archevêché de Saltzbourg. A moins cependant qu'on ne regarde comme antérieure à cette Edition , celle qui eſt ſans indication de lieu , d'Imprimeur & de date , dont on cite un exemplaire légué par Proſper Marchand à la Bibliothéque de Leyde , un autre dans celle de Sainte Généviéve & un dans celle des Jéſuites de Paris , & que M. Fournier prétend , avec aſſez de vraiſemblance , avoir été faite à Straſbourg par J. Mentel. (Voyez ſa ſeconde *Diſſertation*, pag. 89).

(*a*) *Voyez* Maittaire , *Ann. Typogr.* T. I , p. 320, 2 Edit.
(*b*) *Diſſ. de Germania miraculo*, pag. 11 & ſuiv.
(*c*) *Buchdrucker Kunſt. Leips.* 1740.

PARAGRAPHE X.

Il s'en faut beaucoup que les autres ayent repréfenté fous cette face l'Origine & le Progrès de l'Imprimerie avec l'ufage des Lettres. Je n'en excepte que M. *Schœpflin* (*a*) qui, admettant les Lettres Sculptées, attribue au même Auteur celles en Bois, comme celles en Métal, & ne fait ainfi de ces deux efpéces de Caractères qu'une feule Claffe. Pour les autres, ils n'ont pas craint de contefter l'ufage de tous Caractères fculptés, ou du moins celui des Caractères de Métal. Ces deux opinions ont produit un hydre d'erreurs renaiffantes. Scriverius (*b*), Palmer (*c*), & Marchant (*d*), qui font prefque les feuls qui fe foient attachés à la première opinion, n'ont vû que des Lettres en Fonte, dans tout ce qu'ils ont vû imprimé en Lettres mobiles. Ils font réfutés par ce que nous avons dit ci-

(*a*) *Differtation fur l'Origine de l'Imprimerie*, p. 777 & fuiv.
(*b*) *Laurecrans*, &c. pag. 101 & 103.
(*c*) *Hiftory of Printing*. Lond. 1733, pag. 52.
(*d*) *Hiftoire de l'Imprimerie*, pag. 20.

C ij

deſſus, & par cette inégalité dans les
mêmes Lettres qui ſe fait appercevoir dans un grand nombre de Livres. Il eſt principalement arrivé de-là
que *Scriverius*, reconnoiſſant les Lettres mobiles dans les Livres de Laurent (Coſter), lui a pareillement attribué, après *Guichardin* & *Junius*, l'Invention des Matrices, & qu'il a donné
par - là à ceux de Mayence un très-
juſte ſujet de ſe plaindre fortement du
tort qu'on leur faiſoit (*a*). Au contraire ceux qui, n'admettant la ſculpture
ou la taille que pour les Lettres de
Bois, ont prétendu que toutes celles
de métal n'ont pu être faites ſans Matrices, ont été injuſtes envers ceux de
Harlem (*b*). En effet, ſi les Lettres

(*a*) Je ſçais, à la vérité, qu'on trouve, même parmi mes Compatriotes, des gens qui nient qu'on ait pû imprimer avec des Caractères de Bois auſſi petits que ceux qu'on voit dans les productions de Laurent (Coſter). Mais, pour les convaincre enfin d'erreur, j'ai fait imprimer à la fin de ce Chapitre quelques-uns de
ces Caractères, à peu-près de la même forme, faites en bois &
ſéparées les unes des autres, qui m'ont été montrés par Moſtert,
de Rotterdam, Imprimeur de ce *Conſpectus*.

(*b*) Tels ont été non-ſeulement les Allemands, mais auſſi
une partie des Etrangers. M. Fournier, pour pouvoir renvoyer à
un âge imaginaire les Lettres de Métal ſculptées, inſiſte ſur la
difficulté de cette ſculpture. (Voyez ſa *Diſſertation de l'Origine
de l'Imprimerie*, p 66 & ſuiv. [où cet Artiſte va juſqu'à vouloir
prouver l'impoſſibilité de cette opération]. Mais tout Lecteur

de Fonte ont été inventées par Pierre Schoeffer après 1450, & que cependant Gensfleifch (le jeune) ou Gutenberg eut déja trouvé l'Art d'Imprimer, il s'enfuit (toute exclufion faite des Lettres de Métal fculptées) qu'on ne peut adjuger à ceux de Harlem que l'Invention des Lettres en Taille de Bois. Que dis - je ? il faut accufer de faux tous les témoignages anciens qui leur attribuent les Lettres d'Etaim. Et à l'égard de la Hollande, où, felon *Zellius* (a), les *Donat* ont été imprimés avant l'Epoque de l'Imprimerie à Mayence, il ne refte rien à lui adjuger, (fi l'on excepte l'Impreffion des Images) que de miférables Impreffions faites avec des Planches de bois. Si c'eft là toute l'obligation que nous avons à Laurent (Cofter) je confeille au Sénat de Harlem de faire difparoître les monumens qui ont été élevés en fon honneur, de peur qu'ils ne foient ridiculifés par les Etrangers, & méprifés par ceux du Pays.

voit, fans que je l'en avertiffe, quelle force a l'application de cet argument, à ces temps où l'on ne connoiffoit pas la façon plus aifée de Fondre les Caractères.

(a) *Chronique de Cologne.* Voyez l'*Appendix*, n°. 5.

PARAGRAPHE XI.

Au moyen de cette diſtinction de trois eſpéces de Typographie, qu'il me ſemble avoir établies ſur les meilleurs témoignages, j'aménerai enfin les choſes au point qu'il ne reſtera aucun prétexte aux Hollandois de ſe plaindre, ni aux Allemands de ſe fâcher contre nous. On fera donc voir, en traitant la matière à fond, que Laurent (Coſter) a le premier trouvé & employé à Harlem les Lettres de Bois, auxquels ceux de Mayence ont enſuite ſubſtitué celles de Métal; ſçavoir Gensfleich (le jeune) ou Gutenberg les Lettres ſculptées, & enfin Schoeffer celles en Fonte. L'une & l'autre de ces deux eſpéces ont paru juſqu'à préſent pour l'uſage tellement ſupérieures à la première, que ce n'eſt que l'Impreſſion faite avec des Caractères de Métal qui à été décorée du nom d'*Art* : & l'ancienne inventée à Harlem a été regardée comme de ſimples préludes (*a*). La comparaiſon

_____

(*a*) *Chronique de Cologne.* Voyez l'*Appendix* ; n°. 5.

de plufieurs Paffages apprendra donc
que ce n'eft qu'en ce fens que les Anciens ont dit que l'Art de l'Imprimerie a
été trouvé à Mayence, faifant plus attention à la matière qui ajoutoit de
l'élégance au travail, qu'à la nature des
Lettres, qu'il falloit chercher dans la
mobilité, & par-conféquent dans l'u-
tilité qui en réfultoit (*a*) ; d'où vient
qu'en 1472 les Italiens donnèrent à
l'Art le nom de *Chalcographie* (*b*),
qui fut adopté communément, non
dans ce fiécle feulement, mais auffi
dans le fuivant. Il eft arrivé de-là que
la caufe de Laurent (Cofter) s'eft infenfiblement affoiblie ; parce que tout le
monde fçavoit qu'il n'avoit jamais trouvé les Lettres faites de Métal, & que
peu de gens étoient informés qu'il eût
inventé les Lettres mobiles de Bois ;
enforte qu'on le regarda bien, il eft
vrai, comme le Précurfeur de l'Art,
mais non comme l'Inventeur, parce
qu'on refufa le nom d'*Art* à fes opérations. Sçachons donc gré à celui qui

(*a*) Voyez le *Chap. VII.*
(*b*) *Appendix* , n°. 12 , & autres fuivans.

C iv

a imaginé une expreſſion qui, ſuivant tout Juge équitable, exprime toutes Lettres mobiles de quelque eſpéce qu'elles ſoient. C'eſt en effet depuis qu'on a commencé à appeller *Types* les Caractères deſtinés à l'Impreſſion des Livres, qu'on a donné à cet Art le nom de *Typographie*. Autant que j'ai pu le découvrir, ce nom a commencé à s'introduire en 1489 (*a*). Mais, après avoir été preſque ignoré dans le cours de ce ſiécle & très-rarement uſité pendant la moitié du ſuivant (*b*), il eſt devenu enfin de plus en plus d'uſage commun. Puis donc que tout l'Art dépend de la mobilité des Lettres, ſelon la judicieuſe Obſervation de M. *Schœpflin* (*c*), il faut dire que le véritable Inventeur de la Typographie eſt celui

(*a*) Voyez la Préface d'Étienne *Doucin* (ou *Dulcinius*) au devant de ſon *Manilius* imprimé à Milan en 1489, cité par Maittaire dans ſes *Annal. Typogr.* Tom. I, pag. 508, ſeconde Edition.

(*b*) Je ne connois, dans le XVe ſiécle, que Bernard de Vérone qui s'en ſoit ſervi dans la Préface de ſon *Catulle*, Edition de Veniſe, 1493, cité par Maittaire, Tom. I, pag. 560; & encore Eraſme, *Lettre* du 13 Février 1498, au Tom. III de ſes *Œuvres*, pag. 25. Au commencement du XVIe ſiécle, ceux qui ont employé ce terme, ſont, outre Eraſme, Théodore Martini, Jean Schoeffer, Libraires, & peut-être quelques autres, mais en très petit nombre.

(*c*) Voyez les *Vindiciæ Typographicæ*, Cap. I, §. II.

qui a inventé les Caractères mobiles. Nous revendiquerons cette gloire à Laurent (Cofter) fans être aucunement arrêtés par cette confidération, que le méchanifme des Lettres de Bois, dont il s'eft fervi, n'étoit encore qu'une production groffière & informe. Perfonne n'ignore en effet que, pour quelqu'Art que ce foit, rien de plus difficile que l'Invention, & rien de plus aifé que la perfection (*a*). Les Lettres de Bois une fois trouvées, il ne fut pas befoin d'un grand effort pour aller jufqu'aux Caractères fculptés de Métal, & il en fallut certainement moins que pour paffer de ceux-ci aux Caractères de Fonte.

(*a*) N'eft-ce pas en ce fens que M. le Maître de Sacy a dit : *Inventa perficere non inglorium.* (*Argument de la XVIII*e *Fable du Livre IV de Phèdre.*

PARAGRAPHE XII.

Quoique les Caractères de Fonte qui furent pour la première fois (*a*) employés dans l'Edition du *Guillelmi Durandi Rationale divinorum Officiorum* , imprimé à Mayence l'an 1459 , ayent fuccédé aux Caractères fculptés , cependant on n'abandonna pas auffi-tôt l'ufage de ceux-ci. Il eft certain que Pierre Schoeffer fe fervit en 1490 pour la troifiéme Edition de fon *Pfeautier* latin , précifément du même Caractère fculpté dont il s'étoit fervi avec Fauft , fon beau-père , en 1457 & 59 , pour les première & feconde Editions de ce Livre (*b*). Bien plus , l'on rencontre dans des vieilles Bibliothéques nombre de Livres (*c*) dont l'inégalité

(*a*) Voyez les *Vindiciæ Typographicæ* , Cap. III , §. VII.

(*b*) Voyez M. Fournier , *Differtation de l'Origine de l'Imprimerie* , pag. 234 , dans la Note.

(*c*) Chr. Schwarz & M. Fournier ont indiqué plufieurs de cette efpéce de Livres ; le premier dans fon *Index nov. Libr. fub. incun. Typogr. impr.* pag. 21 & fuiv. Le fecond dans fa *Differtation de l'Origine de l'Imprimerie* , pag. 240 & fuiv. On en a vu auffi un grand nombre , tant à la Haye , dans la Bibliothéque de Samuel Huls , qu'à Bruxelles dans celle du Marquis de Wefterlo. J'en ai moi-même rencontré plufieurs dans mes Voyages en Allemagne , en France , en Angleterre & dans

des Lettres prouve qu'elles font fculptées , foit en Bois , foit de quelque
Métal ; & , fi l'on vient à confron-
ter ces Livres les uns avec les autres , on s'apperçoit que , quoiqu'ils
n'indiquent point le nom de l'Imprimeur, ils font fouvent fortis de différentes Imprimeries. Je crois qu'on eft
redevable du plus grand nombre (*a*) ,
partie à Gutenberg lui-même , après
qu'il fut retourné pour la feconde fois
à Strasbourg en 1455 , partie à Jean
Mentel & à Henri Eggeftein qui
avoient profité des connoiffances de
Gutenberg ; partie à divers Ouvriers.
de l'Imprimerie de Mayence, qui (enfuite de la diffolution de la Société
entre Fauft & Gutenberg, & avant
que l'Art de la Fonderie fût ou inventé , ou mis en état de fervir) le-

la Flandre. Au refte , comme il eft difficile de diftinguer s'ils
ont été imprimés avec des Lettres feulptées de Bois ou de
Métal, j'ai jugé à propos de n'en pas faire la diftinction dans
ce Paragraphe. Je crois néanmoins que je ne m'écarterois pas
du vrai en avançant que les Livres dont les Caractères préfen-
tent une inégalité jointe à la groffiereté de la taille , ont été
faits avec des Lettres en Bois ; mais que l'on s'eft fervi pour
les autres de Caractères de Métal fculptés.

(*a*) Car il faut en excepter ceux qui font fortis , foit des
Preffes de Laurent (Cofter) en Hollande , foit ceux qui ont été
imprimés à Mayence vers le commencement de cette Époque.

vèrent des Imprimeries dans différentes Villes de l'Allemagne ; ce que firent à Francfort en 1459 , Jean de Pétersheim qui avoit servi chez Fauft & Schoeffer ; à Bafle (*a*) Henri Keffer (*b*) Domeftique de Gutenberg lorfqu'il demeuroit à Mayence & peut-être enfuite à Strasbourg ; à Cologne , Ulric Zellius ; à Augsbourg , Jean Bamler & peut-être plufieurs autres encore qui paroiffent être fortis de l'Imprimerie de Gutenberg. Ces Artiftes, n'ayant pu dans les commencemens employer que des Lettres fculptées , continuèrent long-temps après à s'en fervir pour imprimer leurs Livres , malgré la découverte des Caractères de Fonte, tant parce que quelques-unes étoient enco-

---

(*a*) Il en eft fait mention dans la Tranfaction faite d'une part entre Jacques & Jean Fauft , & Jean Gutenberg de l'autre , *Voyez* Kohler , pag. 55. On connoît la *Summa Rayneri de Pifis* , imprimée à Bafle en 1473 par ce Keffer , & Jean Senfenfchmid. *Voyez Gudenus , Sylloge I. variar. Diplomatar* , p. 410. Mais il eft probable que Keffer avoit long-temps , avant cette date , imprimé fans l'indication de l'année , du lieu & de fon nom , comme firent , au moment de leur établiffement , Ulric Zellius à Cologne ; Jean Mentel & Henri Eggeftein à Strasbourg ; Jean Bamler à Augsbourg , & prefque tous les premiers Imprimeurs.

(*b*) Voyez *Relatio Faufti Afchaffenburgii* , dans le Livre de Kohler , pag. 91 & fuiv. Cependant , comme jufqu'ici l'on n'a vu aucun Livre portant fon nom , il eft vraifemblable qu'il a imprimé tous les fiens fans y indiquer l'année , le lieu & fon nom.

re en ufage, que parce qu'elles n'é-
toient pas hors d'état de fervir ; plufieurs même les laifsèrent dans leur héritage, fe fervant pendant ce temps-là
des Caractères de Fonte. M. Fournier
a reconnu (*a*) ces Caractères fculptés
dans deux Editions de la Bible Latine, qui n'ont ni date, ni indication de
lieu, ni nom d'Imprimeur, dont la
première, dépofée par (feu) M. l'Abbé
Sallier, dans la Bibliothéque du Roi,
n'a point été, au jugement des plus ex-
perts, imprimée par Gutenberg, après
la diffolution de fa fociété avec Fauft,
mais à Augsbourg par Bamler (*b*) l'an

(*a*) Voyez fa *Differtation de l'Origine de l'Imprimerie*, pag.
188 & fuiv. [mais il place l'Epoque de ces deux Editions entre
1450 & 1455, & non en 1466 & 1468, comme M. Méerman].

(*b*) Achille Pirm. Gaffar eft le premier qui (dans fes *Annal.
Auguft.*) ait fait mention de la Bible d'Augsbourg de l'an 1466,
chez Bamler. Voyez l'*Appendix*, n°. 66. C'eft fur fon témoignage qu'en ont parlé Martin Crufius, Melchior Adam &
Maittaire même. Cependant il n'y a perfonne qui ait vu le nom
de Bamler à aucune Edition de la Bible. Néanmoins Achille
Harley, Comte d'Oxfort, en a trouvé un Exemplaire, dans lequel
à la fin du premier Volume, après ces mots : *Explicit Pfalterium*, qui font en Lettres rouges, l'Ecrivain qui a deffiné les
Capitales & les Rubriques, a tracé en Lettres bleues les mots
Bamler 1866, & il y a tout lieu de croire que c'eft cet exemplaire fur lequel Gaffar eft tombé autrefois. Ce Livre étant paffé
dans la Collection des Bibles de la Ducheffe de Brunfwic-Lune-
bourg, comme l'a dit David Clément, dans fa *Bibliothéque Cu-
rieufe*, Tom. IV, p. 87 & fuiv. j'en ai obtenu un modéle figuré,

1466, & dont la feconde, qui eft (en
partie) dans la Bibliothéque du Collé-
ge Mazarin, n'eft point cette première Bible de Mayence, imprimée en
1450, mais une autre imprimée en
1468, à Strasbourg, par Henri Eggeftein (*a*). Mes recherches m'ont fait

de la gracieufeté de M. H. W. Duve, Secrétaire de la Chancell-
lerie d'Hanovre. Ce modéle repréfente les premières lignes du
premier feuillet du fecond Tome. Après m'être affuré, autant
que je l'ai pû, qu'il étoit conforme à la Bible de la Bibliothéque du Roi, dont la Defcription a été faite par (feu) M.
l'Abbé Sallier (Tom. XIV des *Mémoires de l'Académie des
Infcriptions*, pag. 238 & fuiv.) & dont M. Fournier fait mention (dans fa *Differtation de l'Origine de l'Imprimerie*, p. 205
& fuiv.) je l'ai envoyé à Paris pour être confronté avec l'Exemplaire du Roi (ce que M. Fournier a bien voulu faire avec
cette politeffe dont il m'a donné fréquemment des preuves) ;
& il en réfulte que ce font deux Exemplaires de la même
Edition, & que Bamler en eft certainement l'Imprimeur.

(*a*) Il y a long-temps que M. Schœpflin a eu la bonté de
m'accorder un modéle figuré que je lui avois demandé d'un
Exemplaire de la Bible qui devoit fe trouver dans la Commanderie de S. Jean de Jérufalem à Strasbourg, imprimé, à
la vérité, fans indication du jour & du Magiftrat, mais dans
lequel la main de quelqu'Ecrivain en Lettres rouges avoit tracé ces mots à la fin du premier Volume. *Explicit Pfalterium,*
&c. *per Magiftrum Henricum Eggeftein, anno LXVIII.* (c'eft-à-
dire 1468, fuivant la coutume de quelques Imprimeurs de ne
marquer que l'année du fiécle). Ayant envoyé à Paris cet Exemplaire à M. Fournier dont j'ai déja parlé, pour en faire la con-
frontation avec l'Exemplaire de la Bibliothéque Mazarine, décrit par (feu) M. l'Abbé Sallier, il a été conftaté que c'étoient
deux Exemplaires de la même Edition. Mais M. Fournier (en
m'écrivant qu'il avoit par devers lui les preuves les plus fortes,
que cette Edition étoit la première faite par Pierre Schoeffer, &
dont il eft fait mention par Trithème & par Ulric Zellius, dans
la *Chronique de Cologne*, & qui a été imprimée à Mayence en
1450) a cru devoir foupçonner de faux cette Soufcription.
Cependant celle-ci, n'indiquant pas la main d'un Impofteur,

découvrir qu'Arnoldus Therhoernen, Imprimeur de Cologne, connu par ses

mais une main ancienne d'Ecrivain en Lettres rouges, j'ai écrit de nouveau à M. Fournier, que s'il convenoit d'ailleurs, que cette Edition fût la première de toutes, les paroles de l'Epigraphe restoient cependant à l'abri du soupçon, & qu'elles pouvoient être rapportées au temps auquel l'on commença à employer les Lettres rouges. Je lui ai apporté en même-temps un exemple semblable tiré de Schelhorn (dans ses *Amœnitates Litterariæ*, Tom. III, pag. 29) ; & cet Artiste m'a fait voir (dans sa *Differtation de l'Origine de l'Imprimerie*, p. 220) qu'il souscrivoit volontiers à ma conjecture. Mais, ayant depuis lû & examiné les Preuves de M. Fournier, je ne les ai rien moins trouvé que probantes, quoiqu'elles lui eussent paru démonstratives, & qu'il les ait encore reproduites comme telles (dans ses *Observations Typographiques*, pag. 11 & suiv.) Pour moi je suis intimement persuadé que comme tout ce qui a été imprimé avant 1466 est de Bamler, de même Eggestein a imprimé ce qui a paru en 1468, & que cet Imprimeur a commencé enfin à ajoûter des Souscriptions imprimées à ses Livres, en 1471, d'abord au *Decretum Gratiani*, ensuite aux *Clementinæ*, où il dit en termes formels qu'*il avoit imprimé avant cette date un grand nombre de Livres de Droit Canonique & Civil*. (Voyez les *Vindiciæ Typographicæ*, Cap. IV, §. IX). Et certes, j'ai souvent eu lieu de rire de ceux qui, ayant rencontré quelqu'ancienne Bible Latine, sans date, sans indication de lieu, & sans nom d'Imprimeur, se sont aussi-tôt vantés d'avoir rencontré l'Edition *Princeps* (c'est à-dire *la première*) & cela plutôt par attachement à ce qui est personnel que par amour de la vérité. Ainsi ont fait le Baron de Crassier à Liége, Pierre Gosse le père, Libraire à la Haye, & autres. Ces bonnes-gens & la plûpart des autres, ont ignoré sans doute qu'il y a grand nombre de ces anciennes Editions, mais qu'une seule peut s'arroger le titre de *première*. Après un examen très-exact, j'en ai déja découvert neuf de ce genre, toutes *in-folio*, imprimées en Allemagne, comme on le voit par l'espéce du Papier & autres indices. Pour éviter la confusion je les distingue comme il suit (c'est-à-dire par la quantité des lignes qu'elles portent dans la page) === I. La Bible de *Schelhorn*, en 3 volumes, ayant 36 lignes à chaque colomne, dont ce Sçavant a donné la Description dans une Differtation particulière, imprimée à Ulm en 1760. Je croirois volontiers que c'est la même Edition dont Daniel Goetval, Libraire de Leyde, a

Impreſſions depuis 1471, a très-ſouvent·employé des Caractères ſculptés,

donné une Notice fort courte dans le Catalogue d'une Bibliothéque qu'il mit en vente vers 1730, où il eſt dit que cette Bible contenue en trois volumes *in-folio*, a été imprimée à Cologne en 1461, 1462 & 1463. La connoiſſance que j'ai de l'exacte probité de ce Marchand, & le prix très - modique (quatre ou cinq florins, c'eſt-à-dire, huit ou dix livres, monnoye de France) que ce Livre a été vendu, me ſont garants de ſa ſincérité. Or, ſi la Souſcription qu'on y voit a été ajoûtée par l'Ecrivain même en Lettres rouges, il faut de toute néceſſité que cette Bible n'ait point été imprimée par Gutenberg à Mayence, mais par Ulric·Zellius, premier Imprimeur de Cologne. ⸻ II. La Bible des *Bénédictins*, hors des mûrs de Mayence, ayant 46 lignes, imprimée en Caractères Majuſcules, dont le modéle figuré m'a été envoyé par M. le Comte de Wartenſleb, Seigneur auſſi diſtingué par ſa naiſſance, que par les rares qualités de ſon eſprit, Envoyé des Etats des Provinces - Unies auprès de divers Electeurs & Princes de l'Empire. Mais j'attends de ſa bonté une Deſcription plus exacte. ⸻ III. La Bible de *Schwarz*, ayant 41 lignes, dont ce Sçavant à donné lui-même la Deſcription dans ſon *Ind. nov. vet. Lib.* pag. 28, & dans ſes *Prim. Docum. de Orig. Typogr. Diſſ. II*, pag. 5 & ſuiv. Le Baron de Craſſier & le Comte d'Oxfort, ont eu chacun un Exemplaire de ce Livre. J'ai acheté chèrement l'Exemplaire du Comte. Quoique Schwarz ait reconnu que cette Edition n'étoit pas la première de toutes, il s'eſt perſuadé cependant qu'elle étoit ſortie des Preſſes de Gutenberg & de Fauſt, ſe fondant ſur l'eſpéce du Papier, en ce qu'il étoit ſemblable à celui employé par ces Imprimeurs pour leurs Ouvrages ; comme ſi le Papetier n'avoit pas pu vendre à cent Imprimeurs, du Papier de la même fabrique. S'il étoit permis de décider d'après la groſſièreté des Caractères, il faudroit convenir que cette Edition l'emporte ſur les ſuivantes en ancienneté. Mais, comme ce défaut peut provenir de l'impéritie du Graveur, la conſéquence qu'on en tire eſt foible. ⸻ IV. La Bible de *Bamler*, imprimée en 1466, ayant 45 lignes. Nous en avons parlé ci-deſſus (dans la Note *b*, pag. 45) ⸻ V. La Bible d'*Eggeſtein*, imprimée en 1468, ayant (comme la précédente) 45 lignes, outre les deux exemplaires déja cités, (ſçavoir celui de la Bibliothéque Mazarine, & celui de la Commanderie de S. Jean de Jéruſalem à Strasbourg) il s'en trouve un troiſiéme dans la Bibliothéque Royale de Berlin, & un quatriéme dans celle de Lunebourg. Mais

&

& je n'en ſçais point qui ait imprimé
plus groſſièrement pour ſon temps.

pour diſtinguer cette Edition d'avec la précédente, il faut re-
marquer qu'à la première ligne du ſecond volume on lit :
 ungat Epiſtola quos iungit Sacerdotium im-
leſquels mots l'on trouve exactement exprimés de même dans la
Bible de Bamler, à l'exception du quatriéme mot rendu ainſi
par abbréviation *iugit.* M. Fournier a recueilli les autres diffé-
rences, dans ſa *Differtation de l'Origine de l'Imprimerie,* pag.
205 & ſuiv. —— VI. La Bible de *du Faï,* qui après avoir été
dans la belle Bibliothéque du Comte de Hoym, eſt venue enſuite
entre les mains de Pierre Goſſe, à la Haye. Elle a 49 lignes,
& les Lettres initiales ſont ajoûtées à la main. Voyez la *Bi-*
blioth. Univerſal. Vet. & Nov. Hagæ 1742, *pag.* 2, *folio verſo.*
—— VII. La Bible de M. *Gros de Boze ;* qui appartient actuellement à M. le Préſident de Côte, à Paris ; elle a, comme la précédente, 49 lignes, mais les Lettres Capitales ſont ſculptées en
Bois. Voyez M. Fournier, dans ſa *Differtation de l'Origine de*
l'Imprimerie, pag. 243 & ſuiv. —— VIII. La Bible de M. Méerman (Auteur de ce *Conſpectus*). Elle a 56 lignes, & eſt imprimée avec un Caractère romain : au-lieu que toutes les Editions
précédentes le ſont en Caractère Gothique. Je ſoupçonne qu'elle
eſt abſolument la même que celle qui eſt dans la Bibliothéque de
Memmingen, au rapport de Schelhorn, dans ſa *Diſſ. de Antiq.*
Bibl. Lat Edit. pag. 19, *Not. K.* —— IX. La Bible de *Lyra,* re-
liée le plus ſouvent en quatre volumes : (je ne marque point
le nombre de ſes lignes, parce qu') elle ſe diſtingue au premier
coup d'œil, par la Gloſe de Nicolas de Lyra, qui y eſt jointe.
—— De toutes ces Editions, j'eſtime la ſeule des *Bénédictins* vrai-
ment cette première Bible de Mayence ſi fameuſe. L'Exemplaire
de cette Edition, qui ſe termine après les Pſeaumes, a deux volumes : il eſt imprimé ſur vélin. On le conſerve religieuſement
dans ce Monaſtère, avec les Ouvrages de la première Imprimerie de Mayence, & qui y ſont preſque tous. On me l'a montré,
en 1745. Il eſt probable qu'il fut donné à cette Maiſon par les
Imprimeurs mêmes ; comme M. Fournier (dans ſa *Differtation*
de l'Origine de l'Imprimerie, pag. 234) dit avoir vu le *Pſalte-*
rium de 1457, imprimé par ordre d'un Monaſtère de S. Benoît :
de plus, cette Edition ſe trouvant faite avec un Caractère plus
gros, tel qu'on avoit coutume de l'employer pour les Miſſels,
plus petit à la vérité que celui du Pſeautier (ou Livre de Chœur)
mais néanmoins d'une ſemblable configuration, cadre avec la
deſcription qu'en fait Ulric Zellius, dans ſon *Chronogr. Colon.*

D

George Hufner imprima enfuite à Strasbourg, en 1472 & 1476 , deux Ouvrages en Lettres de Métal fcul-ptées, *Literis ex ære fculptis* (*a*) , ainfi qu'il s'eft exprimé lui-même. En quoi il fut bien - tôt imité en 1479 à Augs-bourg par Jean Wienner (*b*) , mais cette façon de s'exprimer, comme le remarque très-bien M. Schœpflin (*c*),

& à un fecond Exemplaire imprimé fur papier, que Schwarz non feulement a vu en 1728 , dans la Chartreufe hors des murs de Mayence, lequel, comme le même l'a lû dans un ancien Ca-talogue de cette Maifon, avoit été donné à ce Monaftère par Gutenberg & quelques autres dont les noms lui étoient échap-pés. Voyez ce témoignage de Schwarz, dans fon *Ind. nov. Vet. Libr.* pag. 25 ; & dans fes *Primar. Docum. Part. II* , p. 4 & fuiv. Cet Exemplaire véritable du Pfeautier latin a été dans la fuite vendu à un Anglois avec la Bible de Fauft de 1462. Je n'ai pu découvrir où il a été tranfporté, quoique cette Bible de Fauft ait paffé fur le champ dans la Bibliothéque de M. Méad, que j'ai achetée. Il y a plus ; M. le Comte de Wartenfleb a fait, à ma prière, chercher exactement par fon Sécretaire, dans la Chartreufe, cet ancien Catalogue ; mais la recherche a été inu-tile, n'y ayant plus qu'un autre Index nouveau, dreffé en 1705, où l'on ne lifoit pas un mot du don de Gutenberg. Mais nous nous étendrons davantage ailleurs fur tout cela. Enfin il faut ôter de l'efprit de gens crédules l'Edition chimérique d'une Bi-ble latine, prétendue imprimée à Reutling par Jean d'Aver-bach, & dont la Caille, Chevillier & Maittaire ont parlé fur la foi de Jean Saubert. Comme il n'a jamais exifté un Imprimeur de ce nom, je crois que Saubert a confondu cet Ouvrage avec la *Summa Joannis de Averbach*, imprimée à Augsbourg en 1469, *in-folio*, par Gunter-Zainer de Reutling. Ce Livre a été dans la Bibliothéque du Marquis de Wefterlo, n°. 141 des *in-folio*, & Gudenus en parle dans fon *Syllog. I. var. Diplomat.* p. 402.

(*a*) Voyez M. Schœpflin, *Differtation fur l'Imprimerie*, p. 783.
(*b*) Schwarz, *Differtation III* , pag. 18.
(*c*) Voyez fa *Differtation fur l'Imprimerie*, pag. 783.

ne convient nullement (*a*) aux Caractères de Métal fondu, pour lesquels
il faut des poinçons sculptés en fer où
en acier. On peut ajoûter le Livre que
Henri Knoblochzer imprima à Strasbourg en 1478 avec des Lettres de
bronze, *æneis literis*, ainsi que le marque la Souscription : cependant le même M. Schœpflin a remarqué un défaut d'egalité entr'elles (*b*). Cette même année encore, Bämler imprima à
Augsbourg, la *Summa Joannis* en Allemand, où l'on apperçoit de temps
en temps des mots entiers en Taille
de Bois (*c*). Enfin, autant que j'ai pu
le découvrir, ce fut Martin Flaccus,
Imprimeur de Strasbourg qui, en 1494,
employa, pour la dernière fois, des Caractères en Métal sculptés (*d*); & si

(*a*) C'est cependant de certe façon que ces termes ont été
interprêtés, soit par *Schwarz d. l.* soit par M. Fournier, *Di-*
ssertation de l'Origine de l'Imprimerie, pag. 65 & suiv.
(*b*) *Vindiciæ Typographicæ*, Cap. IV. §. XIV.
(*c*) Je dois ceci à l'Observation des PP. Augustins Déchauffés
de Vienne en Autriche, qui conservent ce Livre dans leur Mo-
nastère. C'est de-là que le Baron de Senckenberg m'a fait par-
venir une Notice de quelques Livres rares.
(*d*) Cela paroît par cette Epigramme (ou Epigraphe) qui est
ajoûtée à la fin du Livre : *Noscere fortè voles quis* SCULPSERIT
hoc opus ÆRE. Voyez Maittaire, *Annal. Typograph. Tom. I.*,
pag. 571, *Editio secunda.*

D ij

ce que je viens de dire a la force de perſuader ceux qui jugent équitable-ment des choſes , il ſera difficile d'ê-tre du ſentiment de M. Schœpflin (*a*) qui, d'après Schwarz, n'a attribué les Caractères ſculptés qu'à la ſeule Ville de Strasbourg , à l'exception ſeule-ment de Mayence , & a cru que l'uſage en avoit ceſſé du temps de Jean Gruninger , c'eſt - à - dire en l'année 1483 : il ſera plus difficile encore de ſouſcrire à l'opinion de M. Four-nier (*b*) qui, ne reconnoiſſant d'autres Caractères ſculptés que ceux en Bois, a conjecturé qu'elles ont été hors d'u-ſage peu après l'année 1462.

(*a*) *Vindiciæ Typographicæ*, *Cap. IV*, §. *XIV & XV*, & *Cap. X*, §. *XVII*.
(*b*) *Obſervations Typographiques* , pag. 29.

SOMMAIRES
Des autres Chapitres.

CHAPITRE II.

De l'Origine de Laurent (Koster) premier Imprimeur ; du Temps où il a vécu, & de sa Postérité.

LAURENT, fils de Jean, a été jusqu'ici un personnage obscur. Comme Imprimeur, on en dit plusieurs choses différentes ; comme Citoyen de Harlem, Junius & mes autres Compatriotes n'en ont rien dit, si ce n'est qu'il descendoit de la Famille des Coster. (Ce nom de *Coster* lui étoit venu d'une Charge de Sacristain qu'elle possédoit à Harlem par droit d'héritage). On a dit aussi qu'il y avoit été Echevin en 1428, & qu'il avoit une très-grande Maison située dans la Place des Marchands. Mais des Diplômes du

XIVe fiécle prouvent qu'il eft faux
que les ancêtres de Laurent ayent
exercé la Charge de Sacriftain à Harlem. Le furnom de *Cofter* , femble avoir été donné communément à
Laurent , parce que (le premier peut-
être & le dernier de fa Famille) il
exerça la Charge d'Edile (ou Echevin) ; d'où il fuit que c'eft mal - à - propos qu'on le furnomme en latin *Cofte-*
rus. Dans les anciens Papiers & Regiftres publics , il eft fimplement nommé
Louweris Janfz , c'eft-à-dire , *Laurent*
fils de Jean , fans nom de Famille , ufage qui étoit très - commun alors , même chez les Nobles. Quant à fa véritable Origine , la voici. Le fceau de
fon Echevinage nous découvre qu'il
étoit de race très-illuftre , & qu'il de-
fcendoit des anciens Comtes de Hollande , par un enfant naturel forti de
la Maifon de Brédérode. On fait à
cette occafion beaucoup d'Obferva-
tions Hiftoriques , Généalogiques , Hé-
raldiques , nouvelles pour la plus grande partie , & qu'il faut voir dans l'Ouvrage même , parce qu'elles font un

peu étendues. Le père de Laurent dont il s'agit, fuivant une ancienne Charte de 1380, eft dit, *Jean fils de Laurent* : ayant pris part à une guerre civile qui éclata à Harlem, il fouffrit la jufte peine de fa témérité. Son fils a vécu dans un temps plus reculé qu'on ne l'avoit cru jufqu'à préfent. On apprend qu'il étoit né vers 1370. Son nom fe lit dans un Diplôme de l'an 1408 de Guillaume de Bavière, Comte de Hollande. On lit dans des Chartres & des Regiftres publics l'énumération des différens titres qu'il a portés comme Magiftrat. On y voit en paffant une mention de fon Echevinage & de fa Maifon. L'exercice qu'il fit de l'Art de l'Imprimerie, loin de le faire déroger à fa Nobleffe, y ajoûta le plus grand luftre. L'Empereur Frédéric III accorda à une fociété d'Imprimeurs des Armes, avec permiffion de les tranfmettre à leurs Familles. Il leur permit auffi de porter des habits relevés en or & en argent. Plufieurs des premiers Imprimeurs étoient Nobles & Chevaliers. Gutenberg lui-mê-

me , après avoir exercé long - temps
son Art, fut reçu en 1465 , au nombre
des Officiers de la Cour de l'Electeur de
Mayence. L'Art de la Typographie ne
cessa d'être considéré que lorsque des
hommes vulgaires & sans Lettres osè-
rent s'en mêler. On doit placer la mort
de Laurent entre 1435 & 1440 ; & l'on
conjecture qu'elle arriva plutôt cette
dernière année , malgré ce qu'en dit
Seizius qui la recule jusques vers l'an
1465. A l'égard de sa Postérité, les fa-
stes & les monumens du Pays en apprennent quelque chose : enfin on ex-
pose aux yeux son arbre Généalogi-
que en entier.

CHAPITRE III.

Preuves que l'Imprimerie fut inventée à Harlem.

LEs témoins les plus irreprocha-
bles & les premiers Livres imprimés
en Hollande, prouvent également que
c'eſt en cette Province que la Typographie, proprement dite, a été trouvée. Ceux qui ont fait uſage de ces
preuves, n'ont pas eu ſoin juſqu'à préſent de les mettre dans l'ordre qui leur
convient, ni d'en tirer toute la force
qu'ils auroient dû. C'eſt ce qui a trompé M. Schœpflin, & qui l'a porté à
aſſimiler les témoignages de Guichardin, de Zurenus & de Coornhert,
avec celui de Junius, comme s'ils eu-
ſſent tous ſuivi ce dernier de bonne-
foi, quoiqu'ils l'ayent précédé de pluſieurs années. Corneille, Relieur, Domeſtique même de Laurent, eſt le
premier des témoins qui ait parlé di-
ſtinctement de l'Invention de l'Art en

Caractères mobiles, de fa réforme &
enfin du vol fait à cette Imprimerie.
Cette dépofition de Corneille étant
parvenue à Junius en des temps différens par deux perfonnes dignes de foi,
& prefque dans les mêmes termes : ce
que Junius a dit doit moins être regardé comme fon témoignage, que comme celui de Corneille même ; & le
récit qui fait le fujet du Chapitre
fuivant, confirme que ce témoignage
eft fans reftriction, & au-deffus des différens raifonnemens. Le deuxiéme témoin n'eft pas le Chronographe de
Cologne de l'an 1499, mais Ulric
Zellius, premier Imprimeur de Cologne, que cet Hiftorien cite ; c'eft lui
qui a écrit que les *Donat* ont été imprimés en Hollande avant l'an 1440 ;
& qu'ils ont été l'Origine de l'Introduction de l'Art à Mayence. On produit
un modéle figuré d'une Edition jufqu'à préfent inconnue du Livre de
S. Auguftin : *De Singularitate Clerico-
rum* (a), très-certainement imprimé
en 1467 par ce Zellius qui, dans la

(a) Ce Livre a été fauffement attribué à S. Auguftin.

Souſcription ſe dit *Clerc du Diocèſe
de Mayence.* Autres Livres imprimés
par le même. Il a appris la Typographie dans l'Imprimerie ou de Fauſt &
de Schoeffer, ou plutôt de Fauſt & de
Gutenberg, où il a fait en même-
temps les fonctions de *Clerc*, c'eſt-à-
dire de Copiſte de Manuſcrits ou d'E-
crivain. On fait voir l'accord merveil-
leux qui ſe trouve entre les témoignages du Hollandois Corneille & de l'Allemand Zellius. Le troiſiéme témoin
eſt Marie-Ange Accurſe, Auteur du
commencement du XVIe ſiécle, qui
a parlé de même au ſujet du *Donat* de
Hollande. On remarque en paſſant que
ce Livre a été imprimé en Lettres mobiles ; les preuves ſont renvoyées au
Ve Chapitre. On fait voir auſſi, par
un exemple entièrement ſemblable,
qu'Accurſe a nommé improprement
Table Gravée, ce qu'il a connu lui-
même être des Lettres mobiles ſculptées. Le quatriéme témoin eſt un Anonyme, Ecrivain Anglois, qui étoit
peut-être Contemporain d'Accurſe,
dont Richard Atkyns a publié un

fragment en 1664. Cet Anonyme a
écrit que l'Art d'Imprimer a été trouvé d'abord à Harlem ; que Mayence
le reçut ensuite par le frère d'un Ouvrier de Harlem, lequel, après avoir
appris de son frère la pratique de l'Art,
leva une Imprimerie à Mayence. Le
cinquiéme est Jean *de Zuyren*, Séna-
teur de Harlem : c'est le premier qui
vers le milieu du XVIe siécle, a dé-
fendu la cause de sa Ville, en traitant
la matière de dessein prémédité, quoiqu'avec le plus grand désinterresse-
ment. Le sixiéme est Théodore *Coornhert* qui, dans la nouvelle Imprimerie
de Harlem, fut associé de Zurenus,
comme on le voit dans la Dédicace
des *Offices* de Cicéron, qu'il imprima
en Hollandois en 1561. Le septiéme
est Louis *Guichardin*, Italien, dans
son exacte Description des Pays-Bas,
publiée en 1567. Cet Auteur a eu cependant tort d'avancer que ce fut à
Harlem que l'on inventa les Caractères en Fonte. Il ignoroit qu'on eût fait
usage auparavant d'une autre espéce
de Caractère. Quoique Noel le Com-

te & Michel Aitfinger aient écrit avant
le Livre de Junius, on ne leur donné
pas néanmoins de place parmi les témoins diftingués, parceque ce qu'ils
ont dit, ils paroiffent l'avoir tiré de
Guichardin. On conclud que la découverte de Laurent eft appuyée fur
des autorités fupérieures de beaucoup
à celle qu'on donne à Schoeffer ; quoique celle-ci foit certaine. On déduit
les raifons pour lefquelles les Hifto-
riens Hollandois du XVe fiécle & du
commencement du XVIe ont gardé
un filence profond fur les découvertes
de Laurent.

CHAPITRE IV.

Hiftoire de l'Invention de la Typogra-
phie à Harlem , & de fa Tranflation
par vol à Mayence.

NOUS DEVONS principalement cette Hiftoire au Relieur Corneille ; elle
nous a été confervée par Adrien *Ju-*
nius dans fa *Batavia* , Ouvrage que
l'Auteur avoit travaillé pendant plufieurs années , & qui n'a été publié
qu'en 1588, après la mort de Junius
décédé en 1575. On fait voir que, fi
l'on fuppute bien , il n'y a point d'A-
nachronifme dans ce qu'il raconte au
commencement de fon récit, de cette
maifon fuperbe où Laurent demeuroit
cent vingt - huit ans auparavant , &
qu'on ne peut placer cette époque au
temps de la découverte : on donne le
vrai fens des paroles de l'Auteur. Origine des Lettres mobiles, qui confti-
tuent proprement la véritable Typographie , dérivée de la Forêt de Har-

lem. Si ces Lettres sculptées en Bois
ne furent pas propres à l'Impression,
Laurent en conséquence en sub-
stitua d'autres aussi-tôt. Faute où Pierre Scriverius est tombé, en tirant de
la même Forêt l'Origine de l'Impression en Tables de Bois. On montre
plus que probablement quel a été le
premier essai que Laurent a imprimé
pour l'usage de ses petits-fils. Il consi-
ste dans un Alphabet, dans l'Oraison
Dominicale, le Symbole des Apôtres,
& trois courtes Prières en Latin, le
tout imprimé sur vélin, contenant huit
petites pages : personne jusqu'à présent n'avoit vu cet essai ; on le donne,
tiré du Cabinet d'Enschedius, où il est
conservé gravé sur une planche de cuivre (*a*). On prouve que ce monument
est plus ancien que tous les Livres qui
ont été vus jusqu'ici. Nous le fixons à
l'an 1430 ou environ, en considérant
le temps où les petis - fils de Laurent

(*a*) Cette expression *Tabulæ incisum Ænea* , convient absolu-
ment à une Planche de Cuivre gravée au Burin ; ce qui persuadera
bien du monde que ce Livre n'est qu'une production de la Gravure & non de l'Imprimerie. Nous verrons dans l'Ouvrage de
M. Méerman , comment il interprêtera cette définition.

ont vécu. Il feroit difficile de le faire
plus récent , puifque Laurent étoit
alors feptuagénaire , & que depuis il a
produit trois Ouvrages d'un grand travail , (eu égard à l'enfance de l'Art) ;
fçavoir le *Speculum Belgicum*, & deux
Éditions du *Donat* ; Ouvrages que la
plûpart placent entre les années 1435
& 1440. On dit quelques mots de la
réforme de l'encre & de plufieurs autres accefloires dûs à Laurent. On
parle aufli en paffant du *Speculum Sal-
vationis* , en Langue du Pays. Mais on
prouve que ce Livre a été imprimé par
Laurent en Lettres mobiles , mais de
bois , & que Junius s'eft abfolument
trompé quand il a fait Laurent inventeur de l'Art de fondre les Caractères
en Fonte. Le défir de faire un plus
grand gain , engagea Laurent à tenir
fes opérations fort cachées , & à con-
traindre par ferment fes Ouvriers au
même fecret. Mais, après fa mort, un
de fes Adjoints, fe croyant dégagé de
fon ferment, s'enfuit fecretement de la
maifon , emporta avec lui tous les in-
ftrumens qui lui étoient nécelfaires, &,
muni

muni de ces dépouilles, leva une Imprimerie à Mayence. L'Hiftoire de ce vol eft appuyée fur le témoignage de Corneille qui eft digne de foi : on omet ceux de Zuren, de Coornhert, de Guichardin, que l'on pourroit auffi rapporter : ce fait eft confirmé de plus par les bruits qui ont été encore répandus long-temps depuis en Allemagne même, & qu'on a eu tort d'appliquer à l'Imprimerie de Mentel à Strasbourg, comme on le démontre. On ajoûte plufieurs circonftances pour détruire les faux jugemens portés par Serarius, Naudé & Mallinkrot. Le vol dont on parle, fe fit en 1440. Il ne fut commis ni par Fauft, ni par Gutenberg, comme on l'a cru jufqu'à préfent ; mais par Jean Gensfleifch l'*ancien* : & on en donne trois preuves. On dit auffi quelque chofe du *Doctrinal* d'Alexandre le François, & des *Parva Logicalia* de Pierre l'Efpagnol ; on cite quelques Ouvrages imprimés à Mayence en 1442, avec les Caractères de Laurent. On prouve qu'on ne peut ni ne doit douter de l'exiftence

E

de ces Éditions , quoiqu'on ne les ait point encore trouvées ; ceux de Mayence les ayant peut-être fuppri- mées eux-mêmes.

CHAPITRE V.

*Des Ouvrages sortis de l'Imprimerie
de Laurent (Coster).*

ON PASSE aux plus anciens monumens Typographiques, qui ont paru
en Hollande, pour confirmer les paroles des témoins. Cette Typographie
doit être rapportée à deux Epoques
dont la distinction, qui n'avoit point
été faite jusqu'ici, est d'une grande importance pour assûrer la cause de la
Ville de Harlem. La première Epoque est celle de l'Impression originai-
re, inventée à Harlem par *Laurent* en
Caractères de Bois, & qui, après sa
mort, fut continuée par ses héritiers.
La deuxième Epoque est celle de l'Impression apportée de dehors, plus élé-
gante certainement que la première,
& qui fut faite principalement avec
des Caractères de métal fondus. Ce fut
Théodore Martini qui l'apporta le
premier d'Allemagne & de France en

Hollande (vers l'an 1473) avec fes
Affociés, comme le prouve fon Epitaphe. Mais, comme nous n'avons aucun Ouvrage qui porte le nom de *Laurent*, ou de fes héritiers, M. Méerman
exige deux conditions, pour avoir droit
d'attribuer quelques Livres à l'Imprimerie de cet Artifte. La première qu'on
démontre, foit par la Langue vulgaire
même dans laquelle ils ont été publiés,
foit par quelques autres indices, qu'ils
appartiennent réellement à la Hollande. La deuxiéme qu'on foit affuré, par
la comparaifon, qu'ils ont précédé les
premiers Livres de l'Epoque de Martini. Et, pour s'affûrer enfuite s'ils font
fortis des Preffes de Laurent ou de
celles de fes héritiers, il veut qu'on en
juge par l'enfance ou le progrès de
l'Art, & par les autres preuves qu'on
peut en donner. Tout ce cinquiéme
Chapitre eft employé à prouver dire-
ctement & au long, que les deux conditions exigées fe trouvent dans quatre Editions du *Speculum Humanæ Sal-
vationis*, imprimées fans date & fans
indication de lieu, deux en Flamand,

& autant en latin ; & que ces mêmes conditions se rencontrent dans deux Editions du *Donat*. Description générale & particulière de ces quatre Editions du *Speculum*, où l'on dit, en passant, quelque chose qui concerne l'Auteur. On fait voir que ce Livre a toujours consisté partie en Figures & partie en une Description, afin qu'il pût servir également aux Laïcs & aux Clercs : c'est ce que prouvent les manuscrits qu'on en voit encore , & la Préface de l'Ouvrage même. Aussi les Figures & le Texte ont-ils été imprimés en même - temps ; les premières par le moyen de Planches en taille de Bois , l'autre avec des Caractères mobiles (*a*). On dit pourquoi l'on a employé de l'encre plus grise pour les Figures , & de l'encre noire pour le discours : & l'on fait voir que c'étoit sans doute pour donner plus d'agrément aux premières , & afin qu'elles imitassent les traits faits à la main. On ap-

(*a*) Voyez ce que M. Fournier pense de cette production. *Differtation fur l'Imprimerie* , pag. 29 & fuiv. *Differtation fur l'Origine de l'Imprimerie* , pag. 128 , 150 , 249. *Observations Typographiques* , pag. 40.

E iij

puie cette préſomption par des exemples. Par-là on réfute la conjecture de
Leich & de M. Fournier, que M.
Méerman avoit lui - même embraſſée
autrefois ; ſçavoir que la Deſcription
n'avoit été ajoûtée aux Figures que
long-temps après. On ſoutient, contre
le ſentiment de la Caille, que cet Ouvrage n'a été imprimé que d'un côté,
qu'à raiſon des Figures, & non à cauſe
du Texte ; & l'on ajoûte pluſieurs Obſervations qui concernent ce Livre. On
montre en particulier qu'on ne peut attribuer ces Editions qu'à la Flandre ;
ce qu'on prouve, tant par la Langue
même, dans laquelle elles ont été don-
nées, qui eſt celle du Pays, que par
l'eſpéce de Caractères communs à ces
quatre Editions, quoique les Exemplaires ne ſoient pas de même gran-
deur, & enfin par les Figures gravées
en Flandres, que Jean Veldenner a
employées dans la cinquiéme Edition
du même Livre imprimé à Culen-
bourg (près d'Utrecht) en 1483, où
les Figures ſont ſciées en deux (a). De-

(a) Voyez ſur ce *Speculum* la *Diſſertation* de M. Fournier, *de*
l'Origine de l'Imprimerie, pag. 173 & 174.

là on paſſe à la comparaiſon que l'on
fait avec les premiers Livres de l'Epoque Martiniene ; d'où l'on tire cette
preuve, appuyée par un grand nombre de raiſons, que les Livres dont il
s'agit ont précédé cette Epoque, &
que par-conſéquent c'eſt à Harlem
qu'on doit donner l'Origine de l'Imprimerie. On examine enſuite chacune
des Editions du *Speculum*. Les marques ſi évidentes d'antiquité qu'on y
apperçoit, démontrent que le premier
de tous ces *Speculum*, eſt celui en
Langue Flamande, qui eſt conſervé à
Harlem dans la Maiſon de Ville &
dans la Bibliothéque publique; qu'ainſi
on doit l'attribuer à Laurent, comme
Junius l'a ſi bien ſenti. On doit mettre
pour le ſecond, l'Edition particulière
latine, où le Texte a été imprimé,
partie en Caractères fixes, & partie en
Caractères mobiles. Faute de M. Fournier d'avoir fait deux Editions de cette
unique. On doit peut-être donner le
troiſiéme rang à la deuxiéme Edition
Latine, & le quatriéme à la deuxiéme
Edition en Flamand. Mais on convient

qu'il eſt difficile de décider laquelle des
deux a précédé l'autre, à cauſe de la
conformité du Caractère. Comme l'Art
paroît bien plus perfectionné dans ces
trois dernières Editions, on en infere
qu'on ne peut les donner à Laurent,
mais à ſes héritiers. On donne des modéles ou échantillons de toutes ces Editions, gravés ſur cuivre. On paſſe enſuite aux *Donat* que Zellius, ce témoin
ſi zèlé pour la Vérité & pour ſa Patrie,
prétend avoir été imprimés en Hollande, avant que l'Art d'Imprimer fût tranſporté à Mayence. Tant que ce Livre a été perdu, les Allemands ont pu
éluder ce témoignage & aſſûrer, ſans
craindre d'être contredits, que cet Ouvrage avoir été imprimé avec des Planches de Bois. Mais la découverte que
l'on a faite depuis à Harlem de quelque portion de l'une & l'autre Edition,
démontre ſi évidemment qu'on s'eſt ſervi de Lettres mobiles, que M. Méerman a raiſon d'inviter amiablement les
Allemands de ſe rendre à cette preuve. On fait voir, gravés ſur Cuivre, des
fragmens du *Donat*, imprimés en gran-

des Lettres fur vélin, dépofés dans la Maifon de Ville de Harlem, avec le modéle d'une feuille entière de celui qui a été imprimé fur parchemin, en plus petit Caractère, & dont la découverte a été faite, il y a peu de temps par Enfched : on prouve, tant par différens indices que par la reffemblance fur-tout des Caractères avec ceux du *Speculum*, que ces deux *Donats* ont été imprimés à Harlem, dans l'Origine de fon Imprimerie : d'où l'on conclud que, l'un & l'autre ayant été imprimés avant l'Epoque de Mayence, fuivant le témoignage de Zellius qui a parlé des *Donats* en nombre plurier, il faut en reconnoître Laurent (Cofter) pour Auteur.

CHAPITRE VI.

De l'état de l'Imprimerie de Harlem depuis la mort de Laurent, jusqu'à l'arrivée de Théodore Martin & de ses Associés en Flandre, & de la Translation de l'Art Typographique en Angleterre, faite dans l'intervalle.

ON FAIT une objection ridicule à ceux de Harlem, quand on demande pourquoi Laurent, après le vol de tout ce qui lui servoit à l'Imprimerie, s'étoit aussi-tôt découragé, & avoit abandonné entièrement l'exercice de son Art, puisqu'il avoit déja dès - lors le droit d'ancienneté sur un grand nombre d'autres. Mais deux raisons prouvent que ce qu'il n'a pu faire par luimême, ses héritiers & vraisemblablement ses petits-fils, l'ont fait. La première est que l'on trouve des Livres imprimés en Flandre, qui lui sont, à la vérité, postérieurs, mais qui sont plus anciens que l'Epoque de Marti-

ni , & qui ont été imprimés entre les
années 1441 & 1473. L'autre raifon
eft que l'Art fut porté de Harlem à
Oxfort entre 1455 & 1460. Les Suc-
ceffeurs de Laurent virent bien qu'il
falloit remplacer par de nouveaux Caractères ceux qui avoient été enlevés ,
& que dans tout ce qui étoit néceffaire pour l'exercice de l'Art, il y avoit
beaucoup de parties qui demandoient
à être réformées. L'imperfection qu'ils
avoient obfervée dans l'Edition Flamande du *Speculum* , en Lettres mobiles, leur fit prendre le deffein de faire l'Edition latine fur des Planches en
Taille de Bois ; mais , déja tout occu-
pés de cette opération , & à la fin en-
nuyés de la longueur de l'Ouvrage, ils
revinrent promptement aux Caractères mobiles, & les firent fupérieurs à
ceux de Laurent. De-là vint cette Edition faite avec ces deux efpéces de Caractères, laquelle paroît avoir dû couter beaucoup de temps & de travail.
Ce Livre ayant été très - recherché,
on ne tarda pas à voir fortir de la même Imprimerie de nouvelles Editions

du même *Speculum*, une Latine, &
une autre en Flamand. Comme on
voit dans celle-ci une feuille imprimée
d'une autre efpéce de Caractères, il eſt
croyable, qu'on n'avoit pas fculpté ce
Caractère à cette occaſion, mais pour
quelque autre Ouvrage qui n'eſt pas
encore connu. Gutenberg s'eſt-il reti-
ré à Harlem après l'an 1455, lors de
la diſſolution de ſa Société avec Fauſt,
& y a-t-il exercé l'Art de l'Imprimerie ? On décide pour la négative d'après
les témoignages les moins recuſables,
qui prouvent qu'il retourna à Straſbourg, & d'après l'Epitaphe de Théodore Martini. La réputation de la Typographie de Harlem vola en Angleterre fous le Régne de Henri VI. Ce
Souverain, animé particulièrement par
les follicitations de Thomas Bourchier,
Archevêque de Cantorbéri, déſira avec
ardeur d'introduire l'Imprimerie dans
ſes Etats. En conféquence (Robert)
Tournour & Caxton font envoyés en
Hollande, pour féduire quelqu'un des
Ouvriers de l'Imprimerie de Harlem,
& les amener en Angleterre. Ces Com-

miffionaires, après beaucoup de dé-
penfes inutiles d'abord, arrivent enfin
à leur but, & font paffer à Oxfort Frédéric Corfells (ou plutôt *Corfellis*)
qui travailloit dans l'Imprimerie de
Harlem. On recherche, à l'occafion
de ce qu'a avancé le Comte de Pembrok, fi les Caractères de la deuxiéme
Edition Flamande du *Speculum* furent
auffi tranfportés en Angleterre, & s'ils
auroient fervi enfuite à la première Edition de l'Ouvrage Anglois, qui contient la *Confuetudo Londinenfis*, &
quelques autres piéces diverfes. Comme M. Méerman n'a pû trouver cette
Edition en Angleterre, malgré tous les
foins qu'il s'eft donnés pour la découvrir, on abandonne cette queftion à
un nouvel examen. Ce qu'il y a de certain, c'eft qu'on ne voit point dans les
autres Livres imprimés en Hollande,
les Caractères qui ont fervi au *Specu-*
lum; l'Imprimerie de Laurent en fub-
ftitua dans la fuite de nouveaux dont
élle fe fervit encore après l'an 1470
pour l'Impreffion de divers Livres
dont on donne le Catalogue. Depuis

l'arrivée de Théodore Martini & de
fes Affociés en Flandre en 1473, on
leva plufieurs Imprimeries en différentes Villes du Pays, où l'Art fit fentir
fa perfection : mais cet avantage s'in-
troduifit plus tard à Harlem où l'on
vit enfin fe diftinguer depuis l'an 1484
les nouveaux Imprimeurs Jacques Bel-
laert, de la Ville de Zirizée, & un autre dont on ignore le nom. Mais ce
qui eft furprenant , c'eft que depuis
l'an 1486 jufqu'au temps de Zurenus
& de Coornhert, on ne rencontre au-
cuns Livres qui portent le nom de
Harlem, pour le lieu de leur naiffance. On peut croire que plufieurs de
ceux de Harlem qui avoient appris
l'Art de la Typographie dans l'Imprimerie de Laurent, fe font retirés en
Italie, & s'y font fait connoître par les
Livres qu'ils y ont imprimés.

OBSERVATION. *Comme ce que l'on
auroit à dire touchant l'Hiftoire de la
Tranflation de l'Art Typographique de
Harlem à Oxfort, feroit de quelque
étendue , M. Méerman traitera ce fu-*

jet (a) dans une *Differtation particu-*
lière, où il répondra aux doutes de M.
Midleton, & à quelques autres qui ont
été formés depuis peu par M. *Ducarell*,
Garde de la Bibliothéque de Lambeth;
il y ajoûtera en fon entier une Lettre du
dernier, écrite à fa prière, afin de mettre le Lecteur en état de juger plus faine-
ment de toute la queftion.

(a) Ce fujet eft expofé avec affez d'étendue dans le *Nou-*
veau Dictionnaire Hiftorique & Critique de M. Chauffepié,
Tom. I, Article, ATKYNS (Richard),

CHAPITRE VII.

Origines de l'Imprimerie de Mayence.

LE PREMIER Imprimeur de Mayence n'eut pas plutôt imprimé les Opuf-
cules d'Alexandre de Ville-Dieu & de
Pierre l'Efpagnol, qu'il eut honte de
cette production informe & manquée,
qui devoit fa naiffance aux Caractères
de Bois venus de Harlem. De-là vient
que Schoeffer ne dit rien, dans la fuite, de toute cette opération à Trithème. Cet Imprimeur vit bien qu'il falloit remplacer fes Caractères par ceux
en Métal, & porter la réforme fur
quantité d'autres objets. Comme cela
exigeoit beaucoup de temps, il donna
dans l'intervalle plufieurs petits Ouvrages, d'un ufage journalier, par le
moyen de Planches gravées, (mais
déja plus élégantes que celles qu'on
avoit employées avant lui, ainfi que
l'Auteur le prouvera); jufqu'à ce qu'enfin, après avoir furmonté les plus gran-
des

des difficultés, il commença à imprimer avec des Caractères de Métal une
Bible Latine qu'il lui fut facile de vendre comme manuscrite, l'Art étant
encore caché. Mais le secret ayant été
divulgué en 1455, Jean Fauſt, qui
avoit acquis l'Imprimerie de Mayence, découvrit le premier l'Art dans la
Souſcription du Pſeautier latin de l'an
1457, imprimé en Lettres Sculptées,
mais de Métal, & nomma cette manière *une Invention ingénieuſe de Cara-*
ctères & d'Impreſſion, (*adinventionem Ar-*
tificioſam Imprimendi ac Caracteriſandi);
&, en exaltant l'élégance de l'Art, l'é-
levant au-deſſus de celui de l'Ecriture,
il le déſigne, non en termes généraux,
mais par ſon eſpéce particulière, telle
qu'elle avoit été trouvée dans le lieu de
ſa naiſſance. Jamais, avant le XVIIe
ſiécle, Mayence ne s'eſt arrogé l'Invention des Lettres de Bois, mais unique-
ment celles d'Etaim ou de Cuivre. De-
là vient, comme on le prouve par pluſieurs exemples, que les Auteurs anciens ont dit, ſans diſtinction, que l'*Art*
de l'Impreſſion, ou la manière d'Impri-

F

mer en Caractères d'Etaim, a été trouvé à Mayence. On ne difputoit donc
point alors à la Hollande l'invention
des Lettres de Bois; mais, comme le
dit Zellius, parce qu'elle étoit informe, on la renvoyoit à l'enfance de
l'Art; on l'en regardoit comme le pré-
lude. On recherche quel a été l'Inventeur du nouvel Art où l'on a employé
les Lettres de Métal. Quelques-uns en
ont fait honneur à Jean Fauft; mais
lui-même contredit ce fentiment. On
fait voir qu'il n'y a aucune tromperie
cachée dans les Soufcriptions qu'il a
mifes dans fes Livres, comme Jacques
Mentel & nouvellement M. Schœpflin l'ont foupçonné : on découvre fon
véritable but. Jean Schoeffer, fils de
Pierre, eft le premier qui a attribué
l'Art au feul Fauft, fon ayeul mater-
nel; mais c'eft à tort. On en produit
deux autres du nom de *Jean*, Gensfleifch & Gutenberg, que l'on fait Inventeurs de l'Art à Mayence. Il y a
quelques témoignages en faveur du
premier; mais il y en a un grand nombre pour le fecond. C'eft ici que le

point principal eſt perdu de vue par tous les Modernes, tels que Schelhorn, (Proſper) Marchant, Schwarz, Kohler, M. Fournier ; &, ce qui eſt des plus étonnant, M. Schœpflin lui-même : tous ne faiſant qu'un ſeul homme de deux, ont brouillé toute l'Hiſtoire de la Typographie, chacun décidant pour Gutenberg, que les uns font Inventeur à Mayence, & les autres à Strasbourg, ſuivant la cauſe que chacun a prétendu défendre. Wimphéling, au contraire, qui étoit né du vivant de Gensfleiſch & de Gutenberg, a écrit que l'un & l'autre avoient exercé la Typographie dans le même temps, mais dans des lieux différens, l'un à Mayence, & celui - ci à Strasbourg. C'eſt le ſentiment le plus véritable : on le prouve par d'anciennes Chartes qui préſentent une idée diſtincte de chacun de ces perſonnages. Le premier, c'eſt-à - dire Jean Gensfleiſch (que Wimphéling dit *aveugle de vieilleſſe*) eſt nommé dans des Chartes citées par Kohler, comme étant à Mayence pendant les années 1441, 43, 45, 50 & 56. D'où

F ij

il fuit que ce Jean Gensfleifch (appellé communément l'*ancien*) conduifoit
en 1443 la Maifon de *Zum - Jungen*,
dans laquelle, fuivant Trithème, l'Art
de l'Imprimerie fut exercé par les premiers Imprimeurs, & qu'il eut une fem-
me nommée *Catherine*, & une fille du
même nom. Le deuxiéme, appellé communément *Gutenberg*, eft nommé *Jean
Gensfleifch*, *le jeune*, dit *Gutenberg*,
dans une Charte de Strasbourg de l'an
1434, fur laquelle on donne, en paffant, quelques éclairciffemens. Ce dernier exerça fon Art à Strasbourg dès
l'an 1436, & le continua dans la même Ville jufqu'en 1444 ou 45 ; & il y
époufa *Anne de la Porte-Ferrée*, comme le difent les Titres cités par M.
Schœpflin. On montre que l'un & l'autre étoient Nobles, de la même Famille des Gensfleifch, & de la branche de
Gutenberg : ce qui donne lieu de dire
en paffant quelque chofe de cette Famille. On montre par plufieurs exemples, que dans ce temps-là on donnoit
fouvent un furnom à deux frères, quand
leurs Familles étoient nombreufes ; en

diſtinguant l'un par le ſurnom d'*ancien*,
& l'autre par celui de *jeune*; d'où l'on
conclud que ceux dont il s'agit étoient
frères. Cela eſt confirmé par la con-
frontation des Chroniques de Straſbourg avec les Archives d'Angleterre.
On voit par celles-là que Jean Gensfleiſch, qui avoit ſervi dans l'Imprimerie du premier Inventeur (on a
montré, dans le IVe Chapitre, qu'on
a appliqué à tort à l'Imprimerie de
Jean Mentel à Strasbourg, ce qu'on
doit entendre de celle de Laurent à
Harlem ; comme on a mal-à-propos
tranſporté à Gutenberg les richeſſes de
Fauſt): on voit, dis-je, par ces Chroniques, que Gensfleiſch découvrit le
ſecret à Gutenberg, & qu'enſuite tous
les deux s'étoient établis à Mayence.
Les Archives d'Angleterre apprennent
que Mayence tenoit l'Art d'un frère
d'un certain Ouvrier de Harlem, après
qu'il y eut établi une Imprimerie. Par-
là toute l'énigme paroît enfin s'expli-
quer d'elle-même ; c'eſt-à-dire que
Gensfleiſch l'*ancien*, pendant qu'il ſervoit dans l'Imprimerie de Laurent,

découvrit, avant ou vers l'an 1436, à
son frère Gutenberg les secrets de l'Art,
que celui-ci eut soin de convertir à son
usage à Strasbourg. (Le même) Gensfleisch, après la mort de Laurent, leva
une Imprimerie à Mayence en 1441 :
& Gutenberg, ayant abandonné Strasbourg vers l'an 1445, suivit son frère
à Mayence, pour se perfectionner sous
sa conduite. Cette distinction sert à
éclaircir une piéce de Vers qui se lit à
la fin des *Instituts de Justinien* de l'an
1468 (*a*), où il est fait mention de
deux JEAN, *tous deux excellens Maî-
tres dans l'Art de Graver :* (*Per duos
JOANNES, eximios Sculpendi in arte
Magistros*). Il est clair que par ces *deux
Jean* on ne peut entendre Gutenberg
& Faust, celui - ci n'ayant point travaillé de ses propres mains à la Typographie, & n'ayant point été Graveur
de Caractères; mais qu'il faut entendre
les frères Gensfleisch qui, étant pau-

(*a*) M. Méerman ne cite point la Ville où se fit cette Edition des *Instituts.* Maittaire en cite une de cette année, faite à
Mayence par Pierre Schoeffer. Seroit-ce celle-là à laquelle les
deux Gensfleisch auroient travaillé, quant à la Gravure des Caractères ?

vres, furent obligés de s'adonner aux Arts Méchaniques pour fournir à leur subfiftance. M. Méerman foupçonne que Fauft eft caché fous le nom de *Polyandre* qu'on lit dans le même Poëme, & qu'on l'avoit défigné fous cette nouvelle dénomination, parce qu'il étoit comme l'azile de tous les autres, (comme l'on diroit en Langue du Pays *Aller-Man*). Il paroît que Gensfleifch *l'ancien*, défirant exercer l'Art de la Typographie, forma en 1442 ou l'année fuivante, une fociété à Mayence avec Jean Fauft & Jean Meidenbach, & peut-être encore avec d'autres ; que, comme il y étoit déja lié d'occupation avec eux avant l'arrivée de Gutenberg, comme le rapporte Wimphéling ; (& pourquoi n'ajoûteroit-on pas que ce fut à ce deffein que fut louée en 1443 la Maifon dite *Zum-Jungen* ?) il femble qu'on doit lui donner la première part dans l'Invention du nouvel Art , & qu'on doit accorder la feconde à Jean Gutenberg qui, étant revenu à Mayence en 1445, entra dans ladite fociété, & perfectionna l'Art fous la conduite de Gensfleifch. C'eft pour cela que, parmi les anciens Auteurs, tantôt Gensfleifch, tantôt Gutenberg paffe pour l'Inventeur de l'Art dans la Ville de Mayence. On affigne enfuite le commencement de l'Epoque de l'Imprimerie de Mayence. En la prenant dans un fens un peu étendu, elle a commencé auffi-tôt après la Tranflation de l'Art de Harlem en 1441 ou l'année fuivante, fi on la fixe aux premiers Livres imprimés à Mayence. Mais, dans un fens plus étroit, il faudra dire que fa découverte à Mayence eft de 1443, ou même dès 1442, felon Polidore Virgile; ce qui a fait que les anciens Ecrivains, pour fe fervir d'un compte rond, difent que l'Art a été découvert à Mayence en 1440; quoiqu'il lui ait fallu un efpace de temps tel que ce ne fut qu'en 1450 que put être imprimé le premier Livre qui ait paru avec la nouvelle efpéce de Caractères. Erreur de M. Schœpflin qui (dans fes *Vindiciæ Typographicæ*, Chapitre VII, §. I) prétend que ceux de Mayence ne peuvent rien s'attribuer des prémices de l'Art, & que leur Typographie, en tout & en partie, dérive de celle de Strasbourg : en quoi il est réfuté par le seul témoignage d'Ulric Zellius, dans le *Chroniqueur de Cologne*, qu'il allégue lui-même. Origine de l'erreur de ceux qui ne mettent l'Epoque de l'Imprimerie à Mayence qu'en 1450, ou même plus tard. Enfin on conclud que, puisque ceux de Mayence ne se sont autrefois jamais arrogé rien de plus que les Caractères de Métal ; qu'ils ont reconnu que les préludes de l'Art (en Caractères de Bois) sont dûs aux Hollandois, & que ceux-ci sont actuellement contens de cette part ; on conclud, dis-je, que les deux parties sont entièrement d'accord, & que l'on peut dire que tant Harlem que Mayence est l'Inventrice de *l'Art d'Imprimer*, (*Artis Impressoriæ*) selon l'étendue ou la restriction qu'on donnera à ce terme : mais que cependant, pour ce qui regarde les Caractères mobiles, ceux de Harlem sont & demeurent dans la possession du titre de premiers Inventeurs.

CHAPITRE VIII.

Origines de la *Typographie* de *Strasbourg*.

ON DONNE tantôt Gutenberg, & tantôt Mentel pour l'Inventeur de l'Art à Strasbourg. Le premier senti-ment est celui de Wimphéling, & M. Schœpflin s'est efforcé de l'appuyer dernièrement sur des Actes judiciaires. C'est d'après ces Actes qu'on donne l'Histoire de la société formée par Gu-tenberg, pour exercer avec ses Asso-ciés divers Arts occultes, sur-tout ce-lui d'Imprimer des Livres. On exami-ne s'il est question dans ces Actes de l'Impression avec des Planches, ou avec des Caractères mobiles. Ce der-nier sens, qui a plû à M. Fournier, se-roit très-utile pour la cause des habi-tans de Harlem; &, n'y ayant plus de procès entre eux & ceux de Mayence, MM. de Strasbourg se trouveroient par cela même déchus de leurs préten-

tions. Mais l'amour de la Vérité obli-
ge à rejetter cette explication , & à
défendre celle que M. Schœpflin donne à la Typographie proprement dite.
On apporte différentes preuves qui
montrent que ces Caractères mobiles
étoient de Bois, non de Métal. Ce fut
avec leur secours que l'Art fut essayé à
Strasbourg depuis l'an 1436 , d'abord
par Gutenberg seul , & ensuite depuis
1438, par lui & ceux qu'il s'étoit associés.
Il n'est pas moins vrai que Laurent, Imprimeur de Harlem , a précédé Gutenberg , moins éloigné que lui de près de
30 ans ; outre que son âge le rend probable , on en a produit des preuves
dans le Chapitre V , en parlant de l'essai que Laurent donna de son travail
vers l'an 1430. On ne peut pas plus inférer des Actes judiciaires , que Gutenberg ait inventé de lui-même la Typographie , qu'on n'en peut conclure
qu'il a trouvé l'Art de polir les pierres ,
& de faire des Miroirs , qu'il apprit à
ses Associés. Mais il retint l'Art Typographique dans le secret , parce qu'il
étoit inconnu au lieu où il demeuroit ;

& c'eſt ce qu'ont fait long-temps après,
Fauſt à Mayence, Mentel & Eggeſtein
à Strasbourg. Wimphéling eſt le ſeul
parmi les anciens, qui ait nommé Gutenberg *Inventeur de Strasbourg,* au lieu
de le nommer, comme il l'auroit dû,
Inventeur de Mayence: (c'eſt-à-dire, de
l'Art de fondre des Caractères de Métal), ſoit parce qu'il ignoroit ce qui s'é-
toit fait d'abord à Harlem, ſoit, dans
un ſens impropre, parce qu'il avoit
exercé d'abord à Strasbourg un Art
caché ; explication qui eſt confirmée
par d'autres exemples. Ainſi Gutenberg, comme il paroît par la Comparaiſon des Chroniques de Strasbourg
avec le manuſcrit de Lambeth, apprit
l'Art (vers l'an 1435 ou 1436, comme
je le crois) de Jean Gensfleiſch, Domeſtique du premier Inventeur (à
Harlem) ſoit par Lettres, ſoit pour
l'avoir vû de près, peut-être dans quelque lieu de Hollande, pendant qu'il
fréquentoit les Foires d'Aix - la - Cha-
pelle. Il ne profita pas cependant aſſez
des avis qu'il en reçut, pour que lui ou
ſes Aſſociés fuſſent en état de produi-

ré des Livres imprimés , à caufe des difficultés fans nombre qui naiffoient chaque jour : ce qui fait qu'il a dû retourner à Mayence en 1445 , afin de pouvoir y achever l'Ouvrage fous la conduite du même Gensfleifch , qui , dans cet intervalle , y avoit levé une Imprimerie : ce que l'Auteur prouve , tant par les Actes judiciaires mêmes , que par d'autres témoignages. On combat auffi le fentiment de M. Schœpflin, fur ce que celui-ci décide qu'après le départ de Gutenberg , l'exercice de l'Imprimerie , non-feulement fut continué à Strasbourg par fes Affociés , mais qu'ils y publièrent plufieurs Ouvrages. Ce que ce Sçavant dit des Livres qu'il cite , convient à ceux que les différens Difciples de Fauft & de Gutenberg ont imprimés après l'an 1455. L'Ouvrage imprimé du *Diacre Lothaire* , exprime fans doute l'année où ce manufcrit paffa à l'Impreffion (c'eft-à-dire 1448). On réfute l'opinion de ceux qui ont prétendu que Mentel avoit inventé à Strasbourg les Caractères de Métal. Il eft très - certain que c'eft à

Mayence qu'on eſt redevable de cette Invention ; & ce fut de - là qu'elle fut portée en Alſace par Gutenberg, après l'an 1455, lorſqu'il leva une Imprimerie à Strasbourg, comme le diſent Fauſt d'Aſchaffenbourg, dans une *Relation* faite d'après les Titres & Actes de ſa Famille, & Achille Pirm Gaſſar. Il paroît que ce fut lui qui apprit l'Art à Mentel & à Eggeſtein qui imprimèrent d'abord conjointement & enſuite ſéparément, & avec tant d'induſtrie, que Gutenberg, qui leur étoit inférieur dans la pratique, ſe vit obligé de changer de lieu, & retourna à Mayence où, après avoir été reçu en 1465 à la Cour de l'Electeur Adolphe, il mourut peu de temps après. De tout ce détail on conclud que les Lettres de Bois ayant été trouvées à Harlem, & celles de Métal à Mayence, on ne doit à Strasbourg que la pratique très - ancienne de ces deux façons d'exercer l'Imprimerie ; la première couta des efforts infructueux, la deuxiéme produiſit beaucoup de gain & un grand honneur.

CHAPITRE IX.

*Origine de l'Impreſſion faite avec des
Planches ou Tables de Bois.*

ON NE DOIT pas attribuer à l'Imprimerie de Laurent tous les anciens
Livres imprimés avec des Planches en
Taille de Bois, ſans l'indication du jour
& du Magiſtrat , comme auſſi on ne
doit point les lui conteſter tous. On en
cite pluſieurs qui ont été très - certainement imprimés en Allemagne. Mais
c'eſt à la Hollande que l'on doit 1°.
*Hiſtoria, ſeu Providentia Virginis Ma-
riæ , ex Cantico Canticorum ,* Ouvrage
compoſé de différentes Figures , que
l'on conſerve dans la Maiſon de Ville
de Harlem, & qui eſt remarquable par
le Titre Flamand Gravé ſur la première Planche , en ces termes : *Dit is die
Voerſienicheit vā Marie der mōd Goe-
des , &c.* 2°. *Ars moriendi.* 3°. *Hiſtoria
Joannis Evangeliſtæ , ejuſque Viſiones
Apocalypticæ.* 4°. *Figuræ Typicæ ve-*

teris, *atque anti-Typicæ novi Teftamen-*
ti. On donne la Defcription détaillée
de ces Livres, & on les adjuge à l'Imprimerie de Laurent, quoiqu'on en
produife auffi d'autres Editions, faites
en Allemagne, avec des Figures quelquefois toutes femblables, mais avec
des Planches en Taille de Bois différentes. On indique les marques cara-
ctériftiques qui fervent à diftinguer les
Editions de Hollande de celles d'Allemagne. Jufqu'à préfent on n'a pu citer
perfonne qui, avant Laurent, ait imprimé en Europe avec des Planches.
Erreur commune au fujet des Cartes à
Jouer. Quoique ces Cartes fuffent déja en ufage en 1376, on montre qu'elles étoient non imprimées, mais pein-
tes, & qu'ainfi c'eft de l'Imprimerie
de Laurent que l'Art d'Imprimer à
paffé aux Cartiers. On prouve que
c'eft fans nul fondement qu'on prétend que ces Ouvrages Gravés en Bois
ayent été imprimés avant la découverte de l'Art Typographique. En effet,
les Sentences ou Explications mêlées
avec les Figures, étant inféparables de
celles-ci,

celles-ci, il a fallu les graver les unes &
les autres fur la même Planche ; comme on le fait encore aujourd'hui pour
les Cartes Géographiques. Il n'y a qué
dans l'*Ars moriendi* que l'Explication
a été gravée fur une page féparée de
la Planche, laquelle pourtant auroit
pû être imprimée en Caractères mobiles ; ce qui ne prouve point cependant
que cet Ouvrage ait précédé l'Invention
de la véritable Typographie. Exemples
de différens Livres, même fans Figures, qui ont été gravés fur des Planches, à la fin du XVe fiécle, & au commencement du XVIe. On fait voir que
(même après la découverte de l'encre
ufitée pour l'Impreffion des Livres, laquelle étoit très-noire), Laurent con-
ferva toujours l'ufage de l'encre grife
pour imprimer fes Figures. Epoque ridicule affignée par Scriverius aux *Fi-*
gures du Vieux & du Nouveau Tefla-
ment, lorfqu'il la met en 1428, par la
raifon que le Rabbin Jof. Haccohen
dit avoir vu ce Livre imprimé à Venife ladite année, fans faire attention
que la Soufcription en étoit très - cer-

G

tainement vicieuſe ; ce que Scriverius ,
contre toute apparence même du vrai,
a appliqué audit Livre imprimé à Harlem ; d'où il conclud que l'Imprimerie
a pris naiſſance à Harlem dès 1428 ,
confondant manifeſtement l'Impreſſion
en Planches de Bois avec celle en Caractères mobiles. Tranſlation de cet Art
de Hollande à Mayence , & de-là aux
autres Villes d'Allemagne. Le premier
Livre qui ait paru en Italie avec des
Figures , a été imprimé à Rome en
1467, par Ulric Han , & contient en
latin les *Méditations du Cardinal de Tur-
re-cremata* (ou de la Tour brûlée) : cette Edition a été juſques ici inconnue à
tous les Bibliographes. Les Lettres de
Métal prirent inſenſiblement la place
des Planches de Bois : on doit peut-
être en attribuer la découverte à Conrad Sweynheym, Imprimeur Romain,
qui, depuis l'an 1470 , s'occupoit à graver des Cartes de Géographie, ſuivant
le ſyſtême de Ptolémée , comme on le
voit par la Préface de l'Edition de Rome de 1478 , dont Schwarz eſt le ſeul
qui ait parlé. Les Caractères de Métal

ont paru, pour la première fois en Allemagne, dans le Miſſel imprimé en
1481 à Wirtzbourg ; mais on employa
encore long-temps depuis les Lettres
de Bois ; juſqu'à ce qu'enfin celles de
Métal, comme beaucoup plus avanta-
geuſes pour l'uſage, prirent entièrement le deſſus. On s'en eſt encore ſervi,
même de nos jours, pour l'Impreſſion
de certains Livres, leſquels cependant,
ſans l'éclat qu'ils empruntent des Figures qui y ſont ajoûtées, le céderoient
entièrement aux plus belles Editions,
à cauſe de l'inégalité inévitable des Caractères ſculptés.

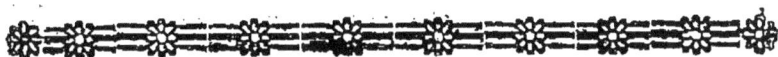

LISTE DES AUTORITÉS
SUR L'INVENTION
DE
L'ART TYPOGRAPHIQUE.

PREMIÈRE CLASSE.

Témoignages de ceux qui exiſtoient au moment de la découverte de l'Art d'Imprimer, ou qui ont vu les premières pratiques de cet Art.

1 DÉPOSITIONS des Témoins qui ont paru dans le Procès mû entre Jean *Gutenberg* & ſes Aſſociés, à l'occaſion des Eſſais Typographiques, avec la Sentence du Conſeil de Strasbourg de l'an 1439, en Allemand & en Latin.

2 Témoignage de *Corneille*, Relieur, auparavant Domeſtique de Laurent (Coſter), de Harlem, au ſujet des découvertes de ſon Maître : tiré de la *Batavia* d'Adrien Junius.

3 Soufcriptions de Jean *Fuft* (ou *Fauft*) ajoûtées au Pfeautier Latin de l'an 1457, & au Livre VI des Décrétales, de l'an 1465. On réferve les autres, qui reviennent prefque au même, pour les *Antiquités Typographiques de Mayence.*

4 Témoignages de Pierre *Schoeffer :*

    a Les Vers qu'on lit à la fin des *Infti-tuts de Juftinien*, de l'an 1468, & qui furent faits à fa prière.

    b La Soufcription des mêmes *Inftituts* de l'an 1476. Les autres Soufcriptions qui reffemblent à celles de Fauft, font réfervées pour un autre Ouvrage.

    c Récit de l'invention de l'Imprimerie : tiré des *Annales d'Hirfauge* par *Trithème.*

5 Relation d'Ulric *Zellius* touchant les découvertes de Hollande & de Mayence : tiré de la *Chronique de Cologne*, de l'an 1499. On la donnera en Allemand & en Latin.

    N. B. La Tranfaction faite en 1455 entre Jacques & Jean Fauft d'une part, & Jean Gutenberg de l'autre, très-exactement donnée dans l'Ouvrage de Kohler, intitulé : *Ehrenr. Gutenbergs, pag.* 54 *& fuiv.* regardant plus la perfection que l'invention de l'Art, fera produite ailleurs.

II. CLASSE.

Recueil de tous les Témoignages des Ecrivains du XVᵉ siécle & des principaux du XVIᵉ, auxquels on a pû affigner une date certaine.

6 JEAN *André*, Evêque d'Aleria, dans fa Préface des *Epîtres de S. Jérôme*, de l'an 1468.

7 François *Philelphe*, dans une *Lettre* du 8 des Calendes d'Août 1470.

8 Vers de Guillaume *Fichet*, à la fin des *Epîtres de Gafparin de Bergame*, Edition de 1470.

9 Epigramme d'Erhard *Windsberg*, dans les *Epiſtolæ Cynicæ*, Edition de Paris, vers l'an 1470.

10 Louis *Carbon*, dans fa Préface des *Lettres de Pline*, de 1471.

11 Nicolas *Gupalatin*, dans fa Préface des *Œuvres de Jean Mefüé*, de 1471.

12 Vers d'un *Anonyme*, à la louange de Barthélemi de Crémone, dans l'Edition de Virgile, de l'an 1472.

13 Nicolas *Pérot*, dans fes *Commentaires fur l'Exorde*, ou *Introduction de l'Hiſtoire Naturelle de Pline*, vers l'an 1472.

14 Jean *Muller*, plus connu sous le nom de *Regiomontanus*, dans sa Préface du *Dialogue contre la Théorie des Planétes* de Gérard de Crémone, vers l'an 1474.

15 *Wernier Rolevinck de Laer*, dans son *Fasciculus temporum*, imprimé en 1474.

16 Jean-Philippe *de Lignamine* (ou *du Bois*) dans sa *Chronique*, Édition de 1474.

17 Junien *Majus*, dans la Préface de la *Propriété des Verbes anciens*, de 1475.

18 Épigramme à la fin des *Epîtres de Gasparin*, *de Bergame*, de l'Édition de Basle, vers l'an 1476.

19 Vers de Jérôme *Bononius*, à la louange du premier Imprimeur, à la fin des *Commentaires de Jean Tortellius*, *sur l'Ortographe du Discours Latin*, de 1477.

20 Jean *Schalle*, dans sa Dédicace de l'*Histoire Ecclésiastique d'Eusébe*, en 1479.

21 *Dominique*, Evêque de Brescia, dans la Préface des *Morales de S. Grégoire*, *Pape*, en 1480.

22 Matthieu *Palmier*, de Pise, dans la *Continuation de la Chronique de Matthieu Palmier*, *de Florence*, qui finit à l'année 1481.

23 Henri *Wirzburg de Vach*, dans le *Fasciculus Temporum*, qu'il a revû & augmenté, en 1481.

24 Guillaume *Caxton*, dans son Livre intitulé : *His Continuation of the Poly - Chronicon of Ran. Higden.* de 1482, en Anglois & en Latin.   G iv

25 Un *Anonyme*, dans son Livre intitulé : *The Chronicles , of Englande with the frute of times*, Edit. de 1483, en Anglois & en Latin.

26 Vers de *Quintus Æmilianus* , à la louange du premier Imprimeur , dans l'Edition de la *Bible* Latine , de Venise , de 1483.

27 Jean-Philippe , *de Bergame* (*a*) , au *Supplément des Chroniques* , de 1483.

28 *Berthold* , Archevêque de Mayence , dans son *Ordonnance pénale* , de 1486 , *au Tom. IV du Codex Diplomaticus* de Guden.

29 Témoignages de Jean *Trithème* , tirés :

   a De ses *Sermons & Exhortations aux Moines* , Edition de 1486.

   b De sa *Lettre* du 24 Juin 1506.

   c De celle du 16 Août 1507.

   d De son Livre *des Sept Intelligences* , composé en 1508.

   e De sa *Chronique de Spanheim* , écrite en 1506 & depuis.

   e * De sa *Chronique d'Hirsauge*. Voyez ci-dessus , n°. 4 , lettre *c*.

30 Bon *Accurse* , dans la Préface des *Œuvres d'Ovide* , Edition de 1489.

31 Félix *Faber* , dans son *Histoire de Souabe* , écrite en 1489.

32 Donat *Bossus* , dans sa *Chronique* imprimée en 1492.

33 Marsile *Ficin* , *Epître* du 13ᵉ Septembre 1492.

_____

(*a*) Maittaire le nomme *Jacques-Philippe Bergomensis*.

34 Recueil de *Chroniques*, Edition de Nuremberg, 1493.

35 Raphael *Fulgose*, dans son Livre *des Dits & Faits mémorables*, écrit avant 1494.

36 Mar. (*a*) *Grapaldi*, dans son Livre *De Partibus Ædium*, de 1494.

37 Nicole *Gilles*, dans ses *Annales de France*, de 1498, en François & en Latin.

38 Robert *Gaguin*, dans sa *Chronique*, de 1498.

39 Poëme de Sébastien *Brand*, de 1498.

40 Poëme de Philippe *Béroald*, imprimé à la fin de son Opuscule *de Felicitate*, en 1499.

41 Josse *Bade*, *Epître* qui est à la tête des *Epistolæ Illustrium virorum*, de 1499.

42 Polydore *Virgile*, dans son Livre *de Inventoribus rerum*, en 1499, & dans l'Edition corrigée de 1517.

43 Témoignages de Jacques *Wimphéling*, tirés :

    a D'une Epigramme sur Jean *Ansicar*, (c'est-à-dire *Gensfleisch*) en 1499.

    b De sa *Germania cis-Rhenum*, en 1501.

    c De son *Abrégé de l'Histoire d'Allemagne*, en 1502.

    d De son *Catalogue des Evêques de Strasbourg*, en 1508.

    e De ses *Griefs contre la Cour Romaine*, en 1515.

44 Jean *Naucler*, dans sa *Chronique*, en 1500.

45 *Distique* de Conrad *Celtes*, en 1502.

_____

(*a*) Maittaire le surnomme *Franc. Mar.*

46 Témoignages de Jean *Schoeffer*, tirés :

   a De la Soufcription du *Mercure Trif-*
     mégifte de Poteftate ac potentiâ Dei,
     1503.

   b De la Dédicace du *Tite-Live* Alle-
     mand, de 1505, en Allemand &
     en Latin.

   ç De la Soufcription du *Breviaire à*
     l'Ufage de l'Églife de Mayence,
     en 1509.

   d D'une autre, de l'*Abrégé de l'Hiftoire*
     de France, de Trithème, de 1515.

   e D'une autre, du petit Traité d'Æ-
     neas Sylvius, *De Aulicorum mife-*
     riis, en 1517.

   f Témoignages de l'Empereur *Maxi-*
     milien & de Nicolas *Carbachius,*
     qui font à la tête du *Tite-Live* la-
     tin, imprimé chez Pierre Schoe-
     ffer, en 1519.

47 Robert *Fabian,* dans fa *Chronique* qu'il a
    finie en 1504, en Anglois & en Latin.

48 Vers d'Henri *Bebelius,* à la louange de
    l'Allemagne, vers 1504.

49 Pierre *Montanus,* dans fes *Adages,* en 1504.

50 Marc-Antoine *Coccius Sabellicus,* dans fon
    Hiftoire Univerfelle, en 1504.

51 Chriftophe *Scheurlius,* en fon Livre *des*
    Louanges de l'Allemagne, en 1504.

52 Raphael *de Volterre,* dans fes *Commenta-*
    rii Urbani, en 1506.

53 *Epitaphe* de Jean *Gutenberg*, par Yves *Witigifin*, en 1507, tiré du premier Livre de l'*Hiſtoire de Mayence*, par *Serarius*, Chapitre 37.

54 L'Auteur de la *Chronique des Provinces-Unies*, nommée communément *De Diviſie-Chronyk*, Edition de 1517, en Hollandois & en Latin.

55 François *Irenicus*, dans ſa *Deſcription de l'Allemagne*, en 1518.

56 Témoignages de Didier *Eraſme*.
    a Dans ſa Préface de *Tite-Live*, de 1519.
    b Dans ſes *Notes ſur l'Epître* 9ᵉ *de S. Jérôme*, en 1530.

57 Jérôme *Gebviler*, dans ſon *Panégyrique de Charles-Quint*, en Latin, en 1521.

58 Jean *Aventin*, dans ſes *Annales de Bavière*, compoſées vers ces temps-là.

59 Jean *Carion*, dans ſa *Chronique*, en 1524.

60 Pierre *Apien*, dans ſa *Coſmographie*, en 1524.

61 Un *Anonyme* (probablement Jacques *Cromberger*) dans ſa *Relation de la Découverte de l'Imprimerie*, imprimée à la ſuite de la *Viſion Delectabile*, par Alphonſe *de la Torre*, en 1526, en Eſpagnol & en Latin.

62 André *Althamer*, en ſon *Commentaire ſur la Germanie de Tacite*, de 1529.

63 Témoignages de Jacques *Spiegelius*.
    a Dans ſes *Scholies ſur l'Auſtriada*, de Richard Bartolin, de 1531.

b Dans ſes *Commentaires ſur le Poëme
de Jean-François Pic, ſur la Croix.*

c Dans ſon *Lexicon Juris.*

64 Adrien *Barland,* dans ſes *Hiſtoires,* en 1532.

65 Paul *Lange.*

a Dans ſa *Chronique de Nuremberg,*
de 1532.

b Dans ſa *Chronique de Zeits.*

66 Témoignages d'Achilles Pirmin *Gaſſar.*

a Dans ſon *Brief Recueil des Chroniques & Hiſtoires,* de 1534, en
François & en Latin.

b Dans ſes *Annales de Tubingen,* ache-
vées en 1576.

67 Témoignages de Gaſpar *Hédion.*

a Dans ſes *Paralipomènes ſur la Chronique de l'Abbé d'Urſperg,* de 1537.

b Dans ſon Livre intitulé : *Auſerle Se-
ner Chronick,* 1549, en Allemand
& en Latin.

68 Jean *Fox,* dans ſon Livre, *His. Book of
Martyrs,* en 1537, en Anglois & en Latin.

69 Uldric *Mutius,* en ſon Livre *de l'Origine
des Germains,* de 1539.

70 Sébaſtien *Franck,* dans ſa *Der. Teutſchen
Chronick,* de 1539, & dans l'Edition corrigée, de 1555, en Allemand & en Latin.

71 Chrétien *Macée,* dans ſa *Chronique,* de
1540.

72 Robert *Aldrydge,* dans ſa *The Black-hook,
or Regiſter, of The Garter,* Ouvrage qu'il a

conduit jufqu'en 1540, en Anglois & en Latin.

73 Jean-Arnold *Bergellan*, dans fon *Eloge de l'Imprimerie*, en 1541.

74 Pierre *Mexia*, dans fa *Silva de Varia Lecion*, de 1542, en Efpagnol & en Latin.

75 Sébaftien *Munfter*, dans fa *Cofmographie*, Edition de 1544.

76 Alexandre *Venegas*, dans fon *Diferencia de Libros*, Efpagn. & Lat. en 1546.

77 Guillaume *de l'Ifle*, dit *Menapius*, dans fa *Balance de l'Imprimerie*, de 1547.

78 Théodore *Bibliander*, dans fon Livre *de la Raifon commune des Langues*, de 1548.

79 Jofeph *Haccohen*, dans fa *Chronique des Rois de France & de la Maifon Ottomane*, de 1554, en Hébreu & en Latin.

80 Jean *de Zuyren*, dans fon *Dialogue concernant la première Invention de l'Art Typographique*, fait entre les années 1549 & 1560.

81 Théodore *de Volcker Coornhert*, en fa Dédicace des *Offices de Cicéron*, *traduits en Flamand*, en 1561, en Flamand & en Latin.

82 Henri *Pantaleon*, dans fes *Hommes Illuftres d'Allemagne*, de 1565.

83 Louis *Guichardin*, dans fa *Defcription des Pays-Bas*, Edition de 1567, en Italien & en Latin.

84 Daniel *Specklin*, dans fa *Chronique de Strasbourg*, écrite vers l'an 1580, en Allemand & en Latin.

85 *Anonyme*, dans une autre *Chronique de Strasbourg*, écrite vers le même-temps, en Allemand & en Latin.

86 Noel *le Comte*, en son *Histoire Universelle*, de 1581.

87 Michel *Aitzinger*, dans sa *Description des Pays-Bas*, de 1586.

88 Henri *Schor*, dans sa *Relation de l'invention de la Typographie à Harlem*, dans la *Décade des Fables de Jean Walchius*. N. B. Ce *Schor* a imprimé des Livres à Strasbourg depuis 1574 jusqu'à 1588.

III. CLASSE.

Autres témoignages auxquels on n'a pû assigner de date certaine.

89 Epitaphe de Jean *Gensfleisch*, inventeur de l'Art d'imprimer, par Adam *Gelth*. Cette Epitaphe est imprimée à la fin de l'Ecrit intitulé : *Memoria Marsilii ab Inghen*, en 1499 ; mais elle paroît beaucoup plus ancienne, & du temps même de la mort de Gensfleisch.

90 Vers attribués, mais mal-à-propos selon moi, à *Laurent Valle*, au sujet de la découverte de l'Imprimerie en Allemagne. Ces Vers paroissent venir d'un Italien, & faits au XV\e siécle.

91 Extrait d'un manuscrit de *Lambeth*, sur *l'Introduction de l'Imprimerie de Harlem à Oxford*, publié par Richard *Atkins*, en 1664, en Anglois & en Latin.

92 Extrait d'un autre manuscrit sur le même sujet, publié par *Palmier*, dans ses *History of Printing*, Fol. R r 4, (mal numéroté 127) en Anglois & en Latin.

93 Extrait d'un manuscrit de Mayence, dans le premier Livre de l'*Histoire de Mayence* de Nicolas *Serarius*, Chapitre 38.

94 Extrait d'une *Chronique de Nuremberg* manuscrite, publié dans *Discurs vom ursprung der Druckerye von Joh. Frid. Faust. von Aschaffenburg*; dans les *Monumenta Typographica* de *Wolf*, T. 1, p. 465.

95 Témoignage de Marie-Ange *Accursé*, touchant le *Donat* imprimé autrefois en Hollande; dans l'*Appendix* de la *Bibliothéque du Vatican*, par Ange *Roccha*. L'Auteur fleurissoit au commencement du XVIᵉ siécle.

96 Cælio *Calcagnini*, dans un *Discours pour la Promotion au Doctorat*. Calcagnini étoit Contemporain de Marie-Ange Accurse.

N. B. La *Relation* de Jean - Frédéric *Faust* d'Aschaffenbourg, au sujet de l'invention & du progrès de la Typographie à Mayence, n'a été écrite qu'au commencement du XVIIᵉ siécle; mais elle est estimable par la réunion de diverses circon-

stances particulières qu'on y voit, & qui
font tirées des Papiers de la Famille de
Fauft (à moins qu'on ne dife qu'on y a
rapporté plufieurs chofes affez infidelle-
ment à la louange de Fauft, afin de pouvoir lui faire honneur de la première découverte).On réfervera cette *Relation* pour
les *Antiquités Typographiques de Mayence.*
Claude *Kohler* l'a fait imprimer dans fon
Ouvrage intitulé : *Ehrenret. Gutenbergs*, p.
89 & *f.* mais il en a retranché les *Prolégo-
mènes* qui contenoient les Témoignages
d'autres perfonnes. Henri *Salmuth* s'étoit
déja fervi de la même Relation dans fes
*Notes fur les Chofes mémorables & perdues
de Gui Pancirolle, Livre II, Tit.* 12, Édition de 1629 & depuis.

CONCLUSION.

TELLE EST, *cher Lecteur, l'idée d'un Ouvrage plus
confidérable, dans lequel l'Auteur efpère mettre dans le
plus grand jour les prémices de la Typographie, qui ont
été jufqu'ici enveloppées d'épaiffes ténébres. On prie les
Sçavans de vouloir bien favorifer ce projet, autant qu'ils
le pourront, c'êft-à-dire que, fi par hafard, ils connoiffent cachées en quelqu'endroit quelques Piéces qui n'auroient pas encore paru, & qui pourroient fervir à éclaircir les opérations des premiers Imprimeurs ; ou s'ils ont
en leur difpofition des Témoignages des Anciens, de quelqu'importance, inconnus à M. Méerman, & enfin tous
autres fecours, on les prie de les communiquer à l'Auteur dont ils peuvent être affurés de la reconnoiffance.*

TABLE

TABLE
GÉNÉRALE ALPHABÉTIQUE
DES MATIERES.

Les Chiffres indiquent l'endroit, soit du Texte, soit des Notes.
Quand deux Chiffres sont séparés par une Barre, on y doit
comprendre les Chiffres qui sont entre deux.

A.

H

B.

C.

D.

E.

H.

I.

O.

ORLANDI (*Jérôme*), p. 17.
Oxfort, p. 75, 77, 78.

P.

PALMER (*Thomas*), p. 17, 35.
Palmier (*Matthieu*), de Pife, p. 4, 103, 111.
Pancirole (*Guy*), p. 20.
Pantaléon (*Henri*), p. 109.
Parva Logicalia de Pierre le François, p. 65.
Pater (*Paul*), p. 26, 34.
Pembrok (*le Comte* de), p. 77.
Pérot (*Nicolas*), p. 102.
Pétersheim (*Jean* de), p. 44.
Peutinger (*Conrad*), p. 20.
Philelphe (*François*), p. 102.
Pierre l'Efpagnol, p. 65, 80.
Polydore Virgile, p. 88, 105.
Pfeautier latin, de 1457, p. 5, 42, 49, 50, 81, 101.
— de 1459, p. 5, 42.
— de 1490, p. 42.

R.

RAMUS (*Pierre*), p. 2.
Regiomontan *ou* Regiomontanus. *Voyez* Muller.
Rocha (*Ange*), p. 28.
Rome, p. 98.
Rumelius (*Henricus*), p. 31.
Rufchenbourg, p. 8.

S.

SALLIER (*Claude*), p. 45.
Salmuth (*Henri*), p. 20, 112.
Saubert (*Jean*), p. 50.

I

T.

V.

W.

Z.

F I N

de la Table des Matières.

TABLE DES MATIÈRES.

PLAN DU TRAITÉ DES ORIGINES TYPOGRAPHIQUES ; PAR M. MÉERMAN.

Lifte des Autorités fur l'Invention de l'Art Typographique.

FIN.

www.ingramcontent.com/pod-product-compliance
Lightning Source LLC
Chambersburg PA
CBHW062033200326

41519CB00017B/5017